Sumud
em tempos de genocídio

Samah Jabr

Sumud
em tempos de genocídio

organização e tradução
Rima Awada Zahra

Tabla.

SUMÁRIO

Prefácio por Izabel Hazin 11

Introdução

Saúde mental e consciência crítica 17

A ocupação é um problema de saúde mental

A ocupação em meu consultório 27
Barreiras palestinas à cura de feridas traumáticas 30
Transcendendo as fronteiras da ocupação 35
A inocência de quem teme e a culpa de quem odeia 38
A ocupação e a mente 43
Nossa história assombra nosso futuro 49

O trauma colonial e intergeracional da Palestina

A experiência dos palestinos vai além do rótulo TEPT 55
Compreendendo o trauma colonial e intergeracional
    da Palestina a partir de uma perspectiva de
    saúde mental 59
Falando por meio dos nossos medos 63

Psicopatologia desencadeada por prisão e tortura

Como Israel explora os papéis de gênero para
    desacreditar as ativistas palestinas 69
Não há pai: adolescentes palestinos defendem
    a libertação 74

Adolescência aprisionada: o desenvolvimento
 interrompido de menores palestinos na prisão **79**
Defendendo a dignidade humana: o fortalecimento
 da documentação de experiências de tortura na
 Palestina Ocupada **84**
Estudo de caso: psicopatologia desencadeada
 por prisão e tortura **88**

Resistência e resiliência

A resistência palestina: direito legítimo e dever moral **105**
Sumud palestino **112**
A resistência à ocupação israelense é um elemento
 essencial na recuperação da mente ocupada **116**
Da Palestina aos EUA, devemos defender o direito
 das pessoas de respirar **120**
Esculpindo a libertação: sobre Marco Cavallo e o
 Cavalo de Jenin **123**

Gaza

Inocência sob fogo: a crise cada vez mais profunda
 das crianças de Gaza e seu pedido de ajuda **129**
Gaza, a traída **132**
Resgatando a nossa humanidade dos escombros de Gaza **137**
Carta aos profissionais de saúde mental de Gaza **141**
Por que as associações de saúde mental dos EUA justificam
 o ataque genocida de Israel a Gaza **144**

Solidariedade

Solidariedade dos profissionais com a Palestina:
 um imperativo da saúde mental **151**

O pensamento por trás do juramento dos profissionais
   de saúde mental   **155**
Solidariedade global com os palestinos:
   do apoio psicológico à mudança política   **163**
A audiência da CIJ sobre o genocídio em Gaza contribui
   para curar o trauma histórico palestino   **169**
Na dor e na resiliência: a reverberação global do trauma
   histórico palestino   **173**

Palavras finais

As pipas da esperança: mensagem da Pequena Gaza
   para a Terra   **185**

Prefácio

O convite para escrever este prefácio me fez experimentar um misto de honra e ansiedade. Honra, porque enquanto bisneta de palestinos não tenho apenas o direito, mas o dever de defender o legado e a história de Hissa Mussa e Sara, depositar sobre os meus ombros o *kuffiyeh*, lenço palestino símbolo da resistência, e não sucumbir ao violento processo de limpeza étnica ao qual o povo palestino vem sendo submetido desde o ano de 1917, quando a Declaração de Balfour deu passe livre ao projeto que apresenta a região geográfica da Palestina como a pátria exclusiva dos judeus. Ansiedade, porque trata-se de uma imensa responsabilidade abrir caminho — como preconizam os prefácios — para um livro como este, que se encaixa perfeitamente no assombro que Kafka evocou: "Queremos livros que nos afetam como um desastre, pois um livro deve ser como um machado diante de um mar congelado em nós".

Os textos, escritos ao longo de duas décadas e cuidadosamente organizados e traduzidos pela dra. Rima Awada Zahra, são o grito de revolta, denúncia, pedido de ajuda e, dialeticamente, resistência e esperança, da psiquiatra, psicoterapeuta, escritora, ativista e presidente da Unidade de Saúde Mental do Ministério da Saúde da Palestina, dra. Samah Jabr. O livro começa com um relato pessoal de Samah: o nascimento, forjado pela lesão e pela dor, a infância e a adolescência e a emergência de uma consciência crítica.

A dra. Samah exerce seu ativismo pela escrita; seu objetivo é gerar conhecimento sobre a saúde mental dos palestinos e compartilhá-lo com o mundo. Dessa forma, as vivências de homens presos indiscriminadamente, de mulheres violentadas, de adolescentes mortos no trajeto para a escola e de crianças que testemunham o assassinato de seus pais vão paulatinamente guiando o leitor na direção da tomada de consciência de que conceitos ocidentais — tais como o de transtorno de estresse pós-traumático (TEPT) — não são pertinentes para descrever ou caracterizar o trauma colonial e intergeracional dos palestinos.

Na polifonia dos textos que integram este livro, o leitor se depara com experiências muito duras. Inclusive as decorrentes da constatação de que há um outro que quer seu aniquilamento, não por conta de algo que você *fez*, mas por algo que você *é*. A dra. Samah demonstra quanto o impacto emocional dessa constatação é arrasador, a começar pelas crianças. Perde-se a fé no sentido de aconchego humano, e se passa a uma vivência de expectativa da morte — a sua e de quem lhe cerca — a qualquer momento. Esta experiência gera terror (a pior forma do medo), desamparo e ódio.

Para além da denúncia, o livro realoca a resistência palestina enquanto direito legítimo, dever moral e persistência da dignidade humana. Nele, o termo sumud é apresentado em toda sua amplitude, que vai além da resiliência e engendra ações, hábitos e conhecimentos deliberadamente adquiridos, para garantir a preservação da identidade, da autonomia, da narrativa e da cultura palestinas.

O livro contribui para o avanço na compreensão da tragédia palestina — que demanda de cada um de nós a recuperação da centralidade de princípios éticos e morais — e é um grito de esperança. A construção difícil, árdua desse caminho começa pelo esforço em manter a esperança, assim como a dignidade e a sanidade mental. Nessa empreitada, a dra. Samah destaca a importância dos profissionais da saúde mental, e faz um apelo a toda a comunidade de profissionais desta área para que "preservem a história de vida das pessoas e seus sonhos, e proteja-as o máximo que puder. Preservem a história de cada um desses indivíduos, sua humanidade e sua grande coragem diante da profanação, bem como a história e os direitos dos palestinos face à tirania".

Por fim, o livro marca o encontro de gerações, reconstrói na espiral do tempo o diálogo entre passado, presente e futuro, pois como escreveu Darwich: "Meu país é uma causa que precisa ser defendida a todo momento". O livro convoca, não apenas palestinos, mas a comunidade internacional a lutar pelo direito de um povo a seu território, sua dignidade, sua história, sua existência. E, nesse esforço incessante, fecho esta abertura com a voz do poeta palestino Refaat Alareer, que morreu aos 44 anos, com sua família, vítima de um bombardeio israelense na Faixa de Gaza em dezembro de 2023:

Se devo morrer,
você deve viver
para contar minha história.
Se devo morrer,
que desperte a esperança,
que seja um conto.

Izabel Hazin
bisneta dos palestinos Hissa Mussa Hazin e Hilaue
Sara Hazin, professora titular do departamento de
psicologia da Universidade Federal do Rio Grande
do Norte, UFRN, e membro da diretoria do
XIX Plenário do Conselho Federal de Psicologia

Introdução

Introdução

Saúde mental e consciência crítica*

Cheguei ao mundo com lesão e dor — de parto normal, pesando cinco quilos e trezentos gramas. Devido ao meu tamanho, o parto foi tão delicado que, para salvar a vida da minha mãe e a do bebê, os médicos tiveram que quebrar a minha clavícula, o que causou lesões permanentes no meu plexo braquial esquerdo. Durante anos, meus pais me carregaram no colo, levando-me a pé de Shufat até French Hill, para que eu pudesse receber sessões de fisioterapia em um centro médico israelense.

Lembro-me de Riva, a profissional que cuidava de mim, uma judia israelense. Lembro-me das escadas amarelas que eu precisava subir para chegar à sala onde realizava exercícios para fortalecer o braço atrofiado. Eram exercícios difíceis, que eu só concordava em fazer para ganhar o chocolate prometi-

---

* Texto publicado no livro *Our Vision for Liberation: Engaged Palestinian Leaders and Intellectuals Speak Out*, organizado por Ilan Pappe e Ramzy Baroud (Atlanta: Clarity Press, 2022).

do no término desse treino diário. Lembro-me também de como essas viagens eram cansativas para os meus pais; eles não tinham carro nem falavam hebraico e ficavam apreensivos com a presença de israelenses no centro médico. Essas caminhadas matinais eram especialmente penosas para a minha mãe, que voltava para casa cansada e queimada de sol; lembro dela preparando uma emulsão à base de iogurte para amenizar o efeito do sol no seu rosto.

Eu era a quarta filha; minhas irmãs tinham idades mais próximas umas das outras. Antes de mim, minha mãe havia dado à luz um menino natimorto — e ainda teve que lidar com o meu parto difícil e com a minha lesão. Tenho a forte suspeita de que ela sofreu de depressão pós-parto depois do meu nascimento. Sei que recebi o nome Samah, que significa "perdoar", para compensar a decepção da chegada de uma quarta menina.

Na escola primária, eu estava acima do peso e usava óculos de lentes grossas para corrigir a miopia. Eu era uma criança desajeitada, portanto uma péssima companhia nas brincadeiras físicas. Quando participava dos jogos, muitas vezes era culpada pela derrota do time. A fraqueza do meu braço e toda a limitação de movimentos me causavam lesões frequentes e múltiplas cicatrizes na testa e no couro cabeludo. Talvez tenha sido essa experiência inicial de menina desajeitada que me tornou sensível e empática com pessoas que demonstravam problemas de integração — colegas de escola com dificuldades de aprendizagem e estudantes vindos de uma realidade social difícil.

Minhas fragilidades físicas também serviram de forte motivação para eu desenvolver uma musculatura cerebral. Eu era muito boa com as palavras e me destacava em popularidade e confiança. Os colegas me rotularam de "defensora" e procuravam minha ajuda quando estavam em apuros; me pediam para escrever cartas em seu nome aos professores e à coordenação da escola. Da mesma forma, fui rotulada de "questionadora" pelos adultos e considerada uma criança sábia. Como seria de esperar, fui punida diversas vezes por defender os meus direitos e os direitos dos outros perante adultos poderosos.

Durante a experiência coletiva da Primeira Intifada, em 1987, minha adolescência acentuou estes traços da primeira infância. Eu tinha consciência de ser vista como parte de uma comunidade quebrada, disfuncional e defeituosa, e essa correspondência entre o pessoal e o coletivo acelerou minha compreensão da política e da dinâmica do poder. Desenvolvi qualidades hipertróficas de abertura, autenticidade e autonomia, a ponto de minha amiga Betsy Mayfield me dizer: "Você está abraçando o mundo com um braço só". Minha mãe costumava me alertar de maneira semelhante: "Você não pode carregar uma melancia grande debaixo do braço e esperar que ela não caia".

Como uma jovem consciente da ansiedade dos meus pais, das proibições sociais e de toda a opressão política em que vivíamos, tive o cuidado de calcular os riscos, para evitar nos pôr em perigo. A coragem, a cautela e o pensamento crítico que desenvolvi na adolescência me ajudaram a percorrer becos estreitos e a navegar no caminho do amor e da liberdade em meio a muitos perigos que se fariam presentes: a ocupação israelense, a opressão das instituições palestinas, a corrupção social, o patriarcado e o sexismo. E, à medida que meu mundo crescia, tive também de lidar com a islamofobia ocidental e sua cumplicidade nas injustiças contra o meu povo. Minha adolescência me preparou para a longa jornada que eu faria em busca do bem-estar e da liberdade para mim, para os meus entes queridos e para a comunidade palestina, tão ferida.

Estudei e trabalhei arduamente na medicina e me especializei em psiquiatria. Várias teorias da psicoterapia pareciam de fato adequadas para curar os indivíduos traumatizados que encontrei em ambientes clínicos. No entanto, precisei descobrir como "tratar" indivíduos oprimidos que, sob a ocupação militar, tiveram a coesão de suas comunidades enfraquecida. A colaboração com os israelenses, a desconfiança generalizada entre nós e o sentimento coletivo de inferioridade e desamparo são apenas alguns dos sintomas de uma comunidade oprimida. Achei igualmente importante manter uma observação atenta da experiência direta das pessoas. Aprendi a tirar as minhas próprias conclusões e a procurar soluções para traumas históricos e coletivos dentro dos indivíduos, mas, principalmente, no desenvolvimento comunitário, por meio da ação social e política.

Meu trabalho tem sido extremamente variado. Ele inclui, por exemplo, a elaboração de políticas públicas de saúde mental e o desenvolvimento de uma estratégia nacional de prevenção ao suicídio, bem como um amplo envolvimento na formação e supervisão de médicos e profissionais de saúde mental na Palestina. Além disso, tive uma vasta experiência clínica com pacientes psicóticos e com transtornos mentais graves, mulheres em situação de violência doméstica, presos políticos e adolescentes vítimas de traumas devido a torturas. Em todos esses grupos, é visível como a violência política interage com as vulnerabilidades biopsicossociais de cada indivíduo, provocando transtornos e dificultando a recuperação.

Também apoio as lutas daqueles que encontro fora da clínica, pessoas desmoralizadas, que oscilam entre a sobrevivência e a rendição à opressão e aos males sociais duradouros: patriarcado, violência de gênero, corrupção, nepotismo, hipocrisia institucional e toda forma sutil e perniciosa de eliminação dos valores e sistemas de crenças dos palestinos, imposta pelos poderes políticos opressivos.

O ativismo por meio da escrita, das apresentações em público, da mobilização e do networking de amigos e colegas de várias regiões do mundo, assim como a defesa das justiças social e política, tornaram-se intervenções para uma possível cura dos males sociais que pesam sobre a comunidade palestina ocupada. Envolvo-me nesse trabalho como uma cidadã consciente pressionada pelo peso esmagador da opressão, e não como mera especialista que a tudo observa de longe.

Tal como a de muitos outros palestinos, minha vida se caracteriza pelo espaço e pelo tempo roubado de nós. Em Jerusalém, onde o espaço para os residentes palestinos diminui a cada dia, vizinhos podem se matar por uma vaga de estacionamento ou por um espaço vazio no telhado do prédio. Tenho consciência desses constrangimentos que envolvem a disputa por espaço, pois vivo na pele a agressão resultante dessa realidade. Entre as minhas estratégias pessoais de sobrevivência, estão a dedicação ao trabalho e a análise política da nossa realidade, visto que vivo na encruzilhada de dois mundos: Jerusalém e a Cisjordânia. Sinto que o atraso crônico e a lentidão deliberada da burocracia e da administração são também ferramentas usadas para sufocar o povo palestino. A libertação significa tomar posse do nosso espaço e do nosso tempo e utilizá-los sabiamente, uma questão que tenho dificuldade em explicar aos amigos de fora da Palestina.

Gerar conhecimento local palestino e compartilhá-lo com o mundo é outro campo de batalha meu e de demais estudiosos palestinos. A nossa relação especial com o tempo, a falta de orçamento adequado e de pessoal capacitado são apenas alguns obstáculos no caminho da geração de conhecimento em saúde mental. A escrita acadêmica exige um esforço interminável na preparação de notas de rodapé, revisão e formatação, e muitas vezes é necessário que os autores ou leitores paguem para que a revista ou seus artigos sejam encaminhados aos colegas. E é muito caro participar de conferências mesmo na condição de convidado.

Se, de um lado, eu conto com colegas de confiança para a coautoria de artigos acadêmicos, a fim de transmitir a experiência e o conhecimento palestinos, de outro me empenho em simplificar e explicar aos palestinos o conhecimento acadêmico internacional. Como a linguagem de muitos escritos acadêmicos nem sempre é acessível às pessoas diretamente envolvidas nas mudanças sociais e políticas, optei por dedicar parte do meu tempo à simplificação da linguagem sofisticada da academia, transformando-a em um conhecimento inteligível e popular, e destaco os pontos mais importantes, para que pessoas comuns possam se beneficiar desse conhecimento.

Diante da boa reputação que venho adquirindo e na condição de uma autoridade profissional palestina de saúde mental, surge, paralelamente, a pressão para redigir relatórios médicos ambíguos, ditados por autoridades poderosas, em benefício de alguns de seus interesses — mais um desafio que afeta a minha saúde física e mental. Trabalhar duro para conquistar boa reputação e independência financeira são algumas das minhas estratégias para enfrentar e resistir a esse tipo de sedução e pressão.

Utilizo minha autoridade profissional para lutar pela valorização de outros profissionais, para defender a elevação do orçamento na saúde mental, para me opor a estigmas, mitos, à discriminação de pacientes, mulheres, pessoas queer e desfavorecidas da comunidade. Tento promover o tratamento psiquiátrico fora do hospital psiquiátrico e integrar a saúde mental aos cuidados de saúde primários e aos hospitais em geral.

Busco encorajar a contextualização do pensamento psicológico palestino, questionando o conceito ocidental de transtorno de estresse pós-traumático (TEPT), explorando noções importantes como *jihad*, *chahid*, sacrifício, traição, honra, sumud, resistência, pátria, solidariedade e outras conceituações relevantes para a visão palestina de libertação.

Entendo que o trabalho de elucidação desses conceitos contribui para o desmantelamento de sistemas de injustiça estabelecidos e arraigados.

Não tenho ilusões de onipotência, mas tentarei viver o suficiente para deixar uma contribuição significativa ao projeto de libertação da Palestina. Considero que a libertação da mente, por meio de terapia, sensibilização e consciência crítica, é fundamental para esse projeto, e aqui é o espaço onde mais posso contribuir.

Este dia 8 marca meus 45 anos amparando um braço frágil e dolorido contra meu corpo, bem como, na minha mente, uma representação debilitada e dolorosa da Palestina. Minha limitante experiência física me ensinou sobre assimetria, desequilíbrios de poder e predisposição tanto física quanto psicológica. Aprendi a contornar a fraqueza do braço quando lavo o rosto, corto um bife, dirijo o carro e quando dou um abraço forte nos meus entes queridos. Utilizo esse aprendizado prático para seguir agindo nos momentos de ânimo enfraquecido, e continuo lutando contra as relações de poder e pela libertação da Palestina ocupada.

Samah Jabr
Jerusalém, 8 de agosto de 2021

A ocupação é um problema de saúde mental

A ocupação em meu consultório*

Junho de 2019

Muitas pessoas que se dirigem à minha clínica psiquiátrica chegam dominadas pelo punho esmagador da ocupação israelense. Às vezes, isso se manifesta de forma direta, com pacientes chegando atrasados com uma perna quebrada ou com pacientes que simplesmente não compareçem por terem sido parados em algum posto de controle, espancados ou presos.

Outras vezes, a ocupação mostra sua presença de forma indireta, como quando, certa vez, um paciente me pediu: "Não escreva o meu nome verdadeiro na sua ficha; você é uma médica famosa e os israelenses com certeza se interessam pelos dados do seu computador". Esse paciente não era psicótico e suas preocupações nada tinham de delírios paranoicos.

A ocupação também pode se apresentar desmascarada, com toda a sua feiura, como quando um jovem ativista me contou: "Eu estava disposto a assinar qualquer coisa, mesmo se eles quisessem que eu admitisse que envenenei Arafat. Eu

---

* Texto extraído de um artigo publicado no *Middle East Eye*.

só queria acabar com aquela tortura sem fim e com a dor excruciante; eu delirava por causa da privação de sono".

Da mesma forma, um idoso veio ao meu consultório com ideação suicida, que desenvolveu depois de ser forçado a demolir — com as próprias mãos — a casa que havia construído vinte anos antes.

Com maior frequência, encontro a ocupação escondida numa longa narrativa, por trás da queixa principal. Identifico essa ocupação oculta e demonstro paciência suficiente para esperar que a confiança seja estabelecida e que a história completa surja.

Uma mulher veio me consultar devido a sintomas de ansiedade que vinham aumentando progressivamente. Ao longo de uma série de sessões, à medida que depositou confiança em mim, ela começou a revelar a verdadeira causa de seus sintomas: "Eu já lhe falei sobre meu marido, que está preso há treze anos. Ele agora será libertado em poucos meses. Todos estão muito felizes pela sua libertação, mas eu não consigo partilhar essa alegria. Ele é um estranho para mim. Muita coisa aconteceu nos últimos treze anos, não somos mais as mesmas pessoas que se amaram há muito tempo".

Um pai de 47 anos veio me consultar com sintomas depressivos que o impediam de trabalhar. Ele negou episódios anteriores de depressão e não teve interesse em conversar comigo; queria apenas um medicamento que lhe possibilitasse voltar a trabalhar.

Com o tempo, porém, sua esposa me revelou o que estava causando a depressão do marido. Quando ele tentou impedir que seu filho de dezessete anos intimidasse o irmão mais novo, o adolescente disse, zombando do pai: "Você não é homem. Onde estava sua masculinidade quando os soldados vieram me prender?".

Muitas vezes sou obrigada a restringir a complexa história de um paciente ao limitado código da Classificação Internacional de Doenças (CID), porque o sistema entende apenas o código.

Meus encontros clínicos me ajudam a compreender como a opressão opera na saúde mental das pessoas. Todos os dias, vejo como uma autoridade profissional inadequada pode acabar sendo cúmplice do poder opressivo e desempenhar um papel na exacerbação do sofrimento dos indivíduos ao dizer às pessoas que seus problemas estão apenas na cabeça delas.

Nem todo mundo que vem me ver é um paciente. Nem toda dor ou queixa é um sintoma. Nem todo ajuste é um distúrbio. Tento ajudar as pessoas a darem sentido a suas experiências dolorosas, criando uma narrativa que valide a complexidade de sua situação frente aos poderes opressivos, em vez de rotulá-las com um código de diagnóstico.

Barreiras palestinas à cura de feridas traumáticas*

Agosto de 2019

Pacientes traumatizados costumam se retrair quando pergunto a eles como estão se sentindo: "É humilhante reclamar para alguém que não Deus"; "Não reclamo dos meus ferimentos, eles não machucam ninguém, somente a mim mesmo"; "Contenho a dor do meu coração e evito a vergonha de compartilhá-la". Tais reações não se limitam ao âmbito individual; na Palestina ocupada, elas se tornaram generalizadas geração após geração, compondo um corpo de máximas e provérbios que comunicam a perda da fé nas relações humanas, um medo penetrante do perigo e uma dificuldade de se expor. Tais reações são barreiras à cura.

Os traumas que mais prevalecem na Palestina são causados de forma deliberada. O mais significativo é que o causador desses traumas jamais é responsabilizado, o que multiplica os efeitos da lesão. De fato, o responsável desfruta de impunidade e impõe culpa a suas vítimas pelo trauma sofri-

---

* Texto extraído de um artigo publicado no *Middle East Monitor*.

do. Culpa e vergonha atrapalham a vida das pessoas que se queixam e demandam reparação. Uma mulher sexualmente abusada em um centro de detenção israelense me deu esta resposta, quando propus a ela que registrasse uma queixa: "Nada acontecerá! Ninguém acreditará em mim; o criminoso será defendido por todos e sairá vitorioso. Serei publicamente humilhada e vítima de fofoca e desprezo".

Como na Palestina o trauma é preponderante, uma espécie de onda se sobrepõe ao luto traumático. Um jovem pode ser afetado pela propagação das ondas da ferida: ele vive em um campo de refugiados porque a casa e a terra de seu avô foram tomadas; sua mãe sofre de depressão crônica há mais de vinte anos por causa da prisão e da tortura do irmão mais velho desse jovem; recentemente a casa de seu vizinho foi demolida; seu colega de escola foi morto em uma manifestação. Diante de tal histórico, como localizar a fonte da dor em seu peito quando causas clínicas já foram descartadas? A enorme profusão de eventos traumáticos no ambiente em que esse jovem vive dificulta que se estabeleça a etiologia; a repetição do trauma é um desafio aos esforços de tratamento.

Uma barreira adicional à cura é a falta de conhecimento social do trauma, de modo que sobreviventes isolados são desencorajados a procurar ajuda. Aqueles que lutam por liberdade e são mortos em um contexto violento são chamados de terroristas pela imprensa israelense; para compensar essa distorção, a sociedade palestina tende a glorificar seus prisioneiros políticos e mártires.

Devido à ocupação, não existe lugar seguro na Palestina para os palestinos. Como resultado, a paranoia é disseminada. Desconfiar uns dos outros é mais uma medida de segurança do que um sintoma psicótico. Quando detidos, os prisioneiros ouvem de seus opressores que um amigo próximo ou um familiar foi quem os delatou; outros veem companheiros testemunharem contra eles nos tribunais. A área médica é particularmente suspeita, meus pacientes desconfiam que seus arquivos psiquiátricos serão usados contra eles. Alguns dos meus pacientes em Jerusalém me perguntam se meu computador fica conectado ao sistema de saúde israelense. As pessoas temem que seus celulares e computadores as estejam espionando.

Além disso, a vida cotidiana é repleta de recordações do trauma. Conheço sobreviventes que circunscrevem sua vida a esferas bastante reduzidas, a fim de evitar gatilhos: mudam-se para bairros pequenos, por exemplo, ou abrem mão do emprego para não ter que passar por postos de controle, ou deixam de assistir à televisão ou de utilizar redes sociais para não ver imagens das agressões cometidas pelos soldados. Tais comportamentos também são resultado das condições opressivas ao redor das vítimas, as quais se veem afetadas até mesmo pela expressão simbólica de uma realidade traumática. Pessoas são detidas por assistir a uma peça de teatro, escrever poesia ou por fazer comentários nas redes sociais. Essas práticas opressivas nos ajudam a compreender por que algumas vítimas do trauma são convidadas a repetir, por meio de reencenação, o evento traumático.

A culpa por sobreviver é outro elemento agravante na recuperação de um paciente. Tratei um menino adolescente que tentou suicídio diversas vezes após o assassinato de seu primo. Mais tarde, descobri que esse menino tinha encorajado o primo a participar de manifestações, e numa delas ele foi baleado e morto. No nosso contexto político, sentimentos de culpa são um componente importante da reação traumática: mulheres detidas sentem-se culpadas por "abandonar" seus filhos e o lar; pais de menores encarcerados sentem-se culpados pelo "fracasso" em protegê-los; os próprios prisioneiros sentem-se culpados por "obrigar" seus pais a gastarem suas economias com advogados, na esperança de que eles recebam uma sentença reduzida. Sentimentos de culpa são injetados regularmente nas pessoas sob tortura, ao ouvirem coisas como: "Traremos sua mãe aqui, sua esposa e suas irmãs também" ou "Iremos demolir sua casa". Em muitas das interações com o sistema administrativo opressivo de Israel, as pessoas são consideradas responsáveis pela punição imposta a elas. Por exemplo, casas são demolidas porque as pessoas "falham" em obter a licença apropriada, que é, na verdade, inalcançável.

A dependência palestina em relação a Israel é outra barreira ao tratamento do trauma, pois promove uma identificação regressiva com o agressor, visto como um grupo superior. Palestinos que buscam terapias de última geração para o tratamento de condições médicas críticas devem viajar e ir, necessariamente, a um hospital israelense. Caso um palestino deseje reparação pelas torturas sofridas, deve recorrer a um advogado israelense. Quando uma história é descrita por um jornalista israelense, sua narrativa é considerada mais válida e verossímil do que quando relatada pela imprensa palestina. A falta de confiança na capacidade palestina e as narrativas vigentes de nepotismo, traição, desorganização e corrupção dentro das instituições e agências palestinas são, em parte, um legado dos efeitos traumáticos da ocupação israelense. O trauma se espalha por todas as instâncias da vida palestina e impacta as tradições sociais e culturais ao afetar a população, prejudicar o pensamento crítico, destruir a autoconfiança e os relacionamentos, e ao sabotar o sentimento de integridade comunitária e obscurecer nossas esperanças em relação ao futuro. O trauma afeta a formação da criança e distorce seu processo de desenvolvimento, sua personalidade, suas relações interpessoais, o conceito que tem de si mesma, seus valores sociais e, sobretudo, sua perspectiva de vida.

É reconfortante ter fé nas forças divinas da justiça. No entanto, tal crença pode ser perigosa para sociedades traumatizadas, por pressupor que as pessoas têm o que merecem. Pessoas traumatizadas concluem de imediato que os traumas terríveis que sofrem acontecem devido a falhas suas. Convencem-se com facilidade de que são pessoas essencialmente más e não merecem nada de bom; suas ações e seu comportamento corresponderão a tal convicção.

O terapeuta, na Palestina, por não estar imune a pressões, por vezes não se encontra emocionalmente preparado para os desafios de se trabalhar com traumas. Sufocado por seus atendimentos, o tempo todo ele corre o risco de contribuir, contra sua vontade, para a evasão de seus pacientes. O terapeuta que não estiver pronto para indagar, ouvir e observar deve se voltar, primeiro, para suas barreiras internas; ele ou ela pode estar vivendo uma evasão pessoal do trauma, numa conivência inconsciente com a resistência do paciente.

Nosso trabalho de tratar o trauma individual forjado pela violência política é parte de uma longa jornada de cura, enfrentada por toda a comunidade palestina. Devemos nos recuperar do trauma ao retomar nossa normalidade perdida por meio dos sistemas culturais e sociais que, por muitas e muitas gerações, permanecem adormecidos sob a ocupação. Esse trabalho não pode se desenvolver de modo pleno somente no consultório, mas requer uma ampla renovação coletiva da vida psicológica sob condições de autonomia e justiça.

Transcendendo as fronteiras da ocupação*

Agosto de 2017

Em estado psicótico, uma jovem paciente de dezesseis anos da Cisjordânia ultrapassou os limites de suas próprias fronteiras: "Vi o céu ficar vermelho e percebi um chamado... Olhei nos olhos das pessoas e vi que elas também estavam alvoroçadas e entendiam o chamado do céu".

A jovem acreditou que Jerusalém tinha sido libertada e que ela estava sendo chamada a caminhar em sua direção. Seu desejo de liberdade, seu profundo desejo de se fundir com uma Jerusalém libertada, veio à tona para falsificar a realidade política. Essa bela visão psicótica fez com que a polícia do posto de controle a atacasse e capturasse. Embora dezenas de outros jovens palestinos tenham sido mortos em postos de controle, ela sobreviveu para contar sua história.

Ao contrário dos frágeis limites psíquicos dessa minha paciente, os limites geopolíticos e as fronteiras erguidas pela ocupação israelense são rigidamente evidentes. Os postos

---

* Texto extraído de um artigo publicado no *Middle East Monitor*.

de controle não apenas nos roubam terras e recursos naturais, classificando e fragmentando nossa identidade palestina como habitantes de Jerusalém, da Cisjordânia, como palestinos de Gaza, refugiados e indivíduos exilados de 1948, mas também continuam forjando novas identidades que afirmam o privilégio dos ocupantes e nos negam direitos e integridade.

Os postos de controle definem muros de exclusão, domínio e encruzilhadas de humilhação e morte para quem se arrisque a "evadir" as fronteiras de sua estreita prisão comunitária. Essas estruturas concretas criaram parâmetros finitos para nossos relacionamentos, emoções, esperanças, sonhos e ambições. Malditos sejam aqueles que desafiam suas fronteiras e ousam expandir seus estudos e seus relacionamentos amorosos ou trabalhar fora de sua jaula.

Como palestina de Jerusalém sem passaporte nem cidadania, estou familiarizada com os sentimentos paradoxais que me tomam quando me vejo diante de fronteiras locais e internacionais: a vergonha de ser investigada como alguém sempre suspeito; a frustração de horas e dias roubados por atrasos mortificantes; e a ansiedade de não poder voltar. No entanto, há o desejo de me conectar além das fronteiras, o desejo de trocar conhecimentos e experiências com o outro e a aspiração de transcender os limites das fronteiras impostas colonialmente. Aprendi muitas línguas, e a psiquiatria é o meu visto e passaporte para cruzar de maneira simbólica as fronteiras de outros mundos.

Trabalhando na Cisjordânia, atravesso fronteiras todos os dias. Vivo ao mesmo tempo momentos de perplexidade, esperas degradantes e uma multiplicidade de experiências enriquecedoras. Observo jovens subindo e saltando perigosamente um muro de oito metros de altura na esperança de encontrar trabalho nas áreas controladas por Israel. Alguns morrem ou acabam assassinados e muitos são feridos ou presos durante essa aventura. Observo como as fronteiras existem, concretas na terra e nos pensamentos.

No entanto essas fronteiras nem sempre são um muro físico ou um posto de controle. Penso nas "zonas de ser" e nas "zonas de não ser" de Frantz Fanon, traçadas ao longo da linha virtual que separa as pessoas de acordo com seu poder relativo e de acordo com a dominação de umas sobre as outras.

Na minha terra, as fronteiras estão traçadas com sangue no chão. Elas não são naturais nem neutras. São fabricadas pela ocupação israelense, para manter a relação de poder entre os ocupantes e os nativos da Palestina. No entanto, o destino dos palestinos não pode ser determinado por uma relação de poder. O artigo 13 da Declaração Universal dos Direitos Humanos da Organização das Nações Unidas afirma: "Toda pessoa que se encontre legalmente no território de um Estado terá, dentro desse território, o direito à liberdade de locomoção e à liberdade de escolher sua residência. E toda pessoa será livre para deixar qualquer país, inclusive o seu próprio".

Enquanto eu pensava no "chamado" que acenava para a minha paciente adolescente, convidando-a a atravessar para Jerusalém, olhei para o céu azul e vi um bando de aves cruzando o horizonte... lembrei-me do mar azul que engoliu muitos refugiados e seus pertences.

A inocência de quem teme e a culpa de quem odeia*

Novembro de 2017

Em nosso estressante estado de ocupação, existe, entre outros males, uma visão essencialista das características de israelenses e de palestinos. Nas muitas palestras públicas que dei aos ocidentais sobre a violação dos direitos dos palestinos, quase sempre surge a pergunta: "E quanto aos temores dos israelenses?". Da mesma forma, quantas vezes ouvimos a mídia ocidental, e até mesmo o presidente dos Estados Unidos [Donald Trump], falar de "ódio palestino"? Essas palavras dão como certa a culpa daqueles que "odeiam" e a inocência daqueles que "temem". Contudo, a verdade é que não podemos compreender os receios dos israelenses sem dissecar as acusações de "ódio palestino".

Um problema dessa dicotomia é a suposição da existência de um estado fixo e estático, como se o temor dos israelenses e o ódio dos palestinos fossem características inatas e permanentes, sem variação entre os membros desses

---

* Texto extraído de um artigo publicado no *Middle East Monitor*.

grupos. A presunção de características eternas e unânimes serve para manter a relação opressiva entre ocupantes e ocupados e também para obstruir mudanças políticas. Para encontrar uma saída, o essencialismo deve ser contextualizado e desconstruído.

Vamos começar explicando a desproporção entre os temores dos israelenses e o dano real que os palestinos causam a eles. Israel possui há muito tempo um dos exércitos mais poderosos do mundo; ele dá "treinamento de segurança" a algumas nações e vende armas para elas com a finalidade de oprimir outras nações. Além disso, a fim de promover sua ocupação violenta e suprimir a resistência natural dos nativos da Palestina, Israel enjaulou palestinos desarmados atrás de muros e nomeou palestinos coniventes para manter a ordem e o silêncio no interior dessas jaulas. Por meio de estratégias sofisticadas e de longo prazo, que têm como objetivo prejudicar a identidade coletiva palestina, Israel infiltrou espiões e colaboradores em todos os bairros palestinos.

Em todos os confrontos anteriores, o número de vítimas palestinas foi cem vezes superior ao número de vítimas israelenses; milhares de palestinos estão em prisões israelenses, e não o contrário; milhares de casas palestinas, e não israelenses, foram demolidas por escavadeiras israelenses — no entanto é aos palestinos desarmados e apátridas que se pede consideração aos temores israelenses.

Tendo em vista esses fatos, é injusto e insultuoso a questão "temores israelenses" ser mencionada a um palestino, na medida em que a questão em si já revela a profunda negação da longa história de violência israelense. O apelo à empatia e à compreensão feito às vítimas da ocupação israelense é absurdo, mas a expectativa é que os palestinos demonstrem compreensão e ofereçam garantias que tranquilizem o temor de seus opressores. Quando isso não ocorre, considera-se mais uma prova do "ódio palestino" e a confirmação de que os israelenses têm razão em temê-los.

Compreendo muito bem os medos traumáticos causados pela história dos judeus na Europa durante o século XX e antes disso, mas por que razão deveria eu, uma palestina, ser chamada a apaziguar esses medos do passado, quando estou às voltas com o presente traumático da Palestina ocupada? Como posso sentir empatia profunda por essa tragédia histórica europeia, quando as ameaças israelenses à minha existência e segurança continuam ofuscando os acontecimentos passados e exigindo minha atenção urgente?

Além disso, o medo dos israelenses não é simplesmente uma inocente herança traumática, é um instrumento político suspeito, uma manipulação perversa que justifica o tratamento cruel dispensado aos palestinos. A invocação dos temores israelenses silencia os protestos contra a ocupação, e persistem em alegar que todos os israelenses estão implicados na ocupação, independentemente de suas hesitações individuais a respeito dela. E o mais maligno é o fato de que esse medo manipulado não pode ser apaziguado até que os palestinos desapareçam por completo.

A alegação de medo serve como desculpa para o crime e absolve de responsabilidade os "amedrontados" criminosos; a responsabilidade fica atribuída, falsamente, às vítimas do crime. Pois não é o que está implícito no errôneo termo "islamofobia"? Por que o preconceito e o crime dirigidos aos judeus são chamados de "antissemitismo", mas o preconceito e o crime contra os muçulmanos — muitos dos quais também são semitas — não são chamados de ódio e crime antimuçulmano? Em vez disso, é chamado pela minimizadora palavra "islamofobia", que implica que o ódio, o racismo e o crime do perpetrador são justificados porque ele ou ela sofre de ansiedade e de medos irracionais ao Islã.

Para ser justa, reconheço que os israelenses devam sentir de fato um certo grau de medo. Trata-se do medo de que uma pequena proporção de sua violência possa se voltar contra eles para assombrá-los, mas raramente na forma de foguetes ou bombardeios e mais frequentemente quando um jovem palestino tenta punir os israelenses atirando uma pedra contra eles ou perseguindo um soldado com uma chave de fenda. Essas coisas podem continuar acontecendo até que a comunidade internacional resolva responsabilizar os israelenses por seus crimes.

Afirmar que os israelenses sentem medo provoca uma identificação empática com eles, ao passo que atribuir o traço degradante do ódio aos palestinos causa repulsa e aversão a eles.

Embora exista ódio ao Estado de Israel entre os palestinos, ele não vai além do ódio adaptativo e inevitável que qualquer grupo oprimido e colonizado nutre pelo grupo coletivo que perpetra crimes intermináveis contra eles. Os palestinos não odeiam os israelenses como judeus, mas como participantes do sistema responsável por sua opressão política. Os palestinos não nascem com ódio no coração; o ódio se desenvolve como uma reação compreensível diante das experiências hediondas da vida sob ocupação. O povo da Palestina não é conhecido por seu antissemitismo; os palestinos acolheram peregrinos da África e refugiados da Armênia. Muitos palestinos muçulmanos e cristãos casaram-se com judeus que viviam na Palestina antes da ocupação. Porém, como qualquer nação, o povo da Palestina odeia o roubo de suas terras, a dor e a humilhação que a ocupação lhes infligiu. Esse é, certamente, um ódio legítimo, cuja função é distinguir entre dano e segurança e estimular a resistência à opressão, em vez da submissão ao desespero.

Esperar que os palestinos não tenham ódio ou outros sentimentos negativos contra Israel é como esperar que uma mulher estuprada sinta empatia por seu estuprador. Seria um exemplo da síndrome de Estocolmo — uma dissociação, na melhor das hipóteses — e mais perigoso psicologicamente do que o próprio ódio. Essa síndrome acabaria resultando em uma internalização do ódio, que se expressaria de forma destrutiva dentro da comunidade oprimida.

O que Israel realmente teme é a sua própria sombra, a sua enorme, mas renegada e projetada violência e ódio aos palestinos.

Não foi o medo, e sim o ódio, que levou Israel a cometer massacres que evacuaram à força aldeias e cidades palestinas, e que motivou os soldados a matarem prisioneiros algemados e palestinos feridos e inconscientes. É o ódio que incita colonos judeus a queimarem palestinos vivos e a arrancarem as antigas oliveiras da Palestina. O discurso de ódio é articulado por soldados israelenses, que chamam os palestinos de "bestas sobre duas patas", "baratas drogadas" e "crocodilos ávidos por carne". Trata-se de um discurso de ódio que não só encoraja atos de ódio cometidos em nome da ocupação, mas também legitima a limpeza étnica. Não é isso que se deve fazer com as baratas? Livrar-se delas?

Em vez de culpar os palestinos pelo seu ódio e desculpar os israelenses pelo seu medo, um avanço construtivo seria ajudar Israel a distinguir a realidade da fantasia. Ou seja, ajudar Israel a admitir seu ódio, bem como sua ganância, e reconhecer que acabar com a ocupação hedionda é o único remédio para seus medos.

A ocupação e a mente*

Maio de 2007

Ahmad, um homem de 46 anos de Ramallah, estava bem até sua última detenção. Desta vez ele simplesmente não aguentou o longo encarceramento numa cela minúscula, com total privação visual e auditiva. Primeiro, perdeu a orientação em relação ao tempo. Depois, ficou extremamente concentrado no movimento de seu intestino e começou a considerar que se tratava de um órgão "artificial dentro de seu corpo". Mais tarde, Ahmad desenvolveu pensamentos paranoicos, começou a ouvir vozes e a ver pessoas em sua solitária. Hoje, Ahmad está fora da prisão, mas ainda preso à ideia de que todos o estão espionando.

Fátima passou vários anos procurando um médico por causa de uma combinação de dores fortes de cabeça, dores de estômago, dores nas articulações e vários problemas dermatológicos. Não havia evidência de qualquer causa fisiológica. Finalmente, Fátima compareceu à nossa clínica psiquiátrica

---

* Texto extraído de um artigo publicado no *New Internationalist*.

e contou que todos os sintomas começaram depois que ela viu o crânio de seu filho, assassinado, aberto na escada de sua casa durante a invasão israelense no vilarejo de Beit Rima, onde morava, em 24 de outubro de 2001. São casos como esses que atendo na minha clínica. Os acontecimentos traumáticos da guerra sempre foram uma fonte importante de danos psicológicos. Na Palestina, o tipo de guerra travada precisa ser compreendido, a fim de avaliarmos o impacto psicológico nessa população há muito tempo sob ocupação. A guerra é crônica e contínua ao longo da vida de pelo menos duas gerações. Há um estado étnico, religioso e culturalmente estrangeiro contra uma população civil apátrida. Além da opressão e da exploração diárias, a rotina envolve operações militares periódicas, que provocam respostas individuais e de facções palestinas. A maioria das pessoas nunca é consultada sobre tais ações. Embora a opinião dessas pessoas não importe, são elas que devem suportar ataques israelenses ou punições coletivas em retaliação aos atos de resistência palestina.

DESLOCAMENTO

Fatores demográficos complicam o quadro. Os que vivem nos territórios ocupados representam apenas um terço dos palestinos; os demais estão espalhados pela região em uma diáspora, muitos em campos de refugiados. Quase todas as famílias palestinas passam por experiências de deslocamento forçado ou de separação dolorosa. Mesmo dentro da Palestina, há palestinos refugiados, expulsos em 1948 para viverem em acampamentos — a expulsão massiva de 70% da população e a destruição de mais de 500 aldeias foram chamadas de Nakba ("catástrofe", em árabe) pelos palestinos. Esse permanente trauma psicológico transgeracional deixa cicatrizes na memória coletiva palestina. Muitas vezes, encontramos jovens palestinos que se apresentam como residentes de cidades e aldeias de onde seus avós foram evacuados. Com frequência, esses lugares não constam mais no mapa, ou foram totalmente destruídos, ou passaram a ser habitados por israelenses.

Os palestinos percebem a guerra de Israel contra eles como um genocídio nacional e, para resistir, dão à luz muitos filhos. A taxa de fertilidade é de 5,8, a mais alta da região. Isso resulta em uma população muito jovem (53% com menos de dezessete anos), uma maioria vulnerável, em um estágio crucial de desenvolvimento físico e mental. O isolamento geográfico dos palestinos em bairros muito pequenos, com o muro de separação e um sistema de postos de controle, incentiva casamentos consanguíneos, aumentando a predisposição genética para doenças mentais. O isolamento de amigos e vizinhos também tem um efeito debilitante sobre a coesão da sociedade palestina. Mas é o ambiente violento em que vivem o que mais prejudica a saúde mental dos palestinos.

CEGUEIRA SÚBITA

Durante a minha formação na faculdade de medicina em vários hospitais e clínicas palestinas, vi homens queixando-se de dores crônicas inespecíficas depois de terem perdido o emprego em áreas israelenses. Também vi crianças em idade escolar fazerem xixi na cama depois de uma noite horrível de bombardeio. E está muito vívida na minha memória uma mulher levada ao pronto-socorro com uma cegueira repentina, que começou quando ela viu seu filho ser assassinado com uma bala que entrou pelo olho e saiu por trás da cabeça dele.

Na Palestina, casos como esses não são registrados como feridos de guerra e não são tratados adequadamente. Essa constatação fez com que eu me especializasse em psiquiatria, uma das áreas médicas mais subdesenvolvidas na Palestina. Para uma população de 3,8 milhões, temos quinze psiquiatras e uma carência de profissionais como enfermeiros, psicólogos e assistentes sociais. Temos cerca de 3% do pessoal de que necessitamos. Temos dois hospitais psiquiátricos, um em Belém e outro em Gaza, mas é difícil chegar até eles, devido aos postos de controle. Existem sete clínicas comunitárias de saúde mental ambulatoriais.

Nos países em desenvolvimento como a Palestina ocupada, a psiquiatria é a profissão médica mais estigmatizada e menos compensadora financeiramente. Os psiquiatras trabalham com pacientes graves e, aos olhos de suas comunidades, estão muito distantes da glória de outras especialidades médicas. Como resultado, médicos competentes e talentosos raramente se especializam em psiquiatria.

Considero a psiquiatria uma profissão humanizadora e dignificante, principalmente porque ela me ajuda a lidar com toda a violência e as decepções que me cercam. Eu me desloco de Ramallah para Jericó para atender pacientes psiquiátricos. Em um dia de trabalho, atendo entre quarenta e sessenta pacientes — dez vezes mais do que eu costumava atender no meu treinamento em clínicas parisienses. Observo o comportamento desorganizado de meus pacientes, ouço suas histórias avassaladoras e respondo a elas com os poucos meios de que disponho: um pouco de conversa, para juntar suas ideias fragmentadas; e alguns comprimidos que possam ajudá-los a organizar o pensamento, a interromper seus delírios e alucinações, ou permitir que durmam ou se acalmem. Mas conversas e remédios jamais poderão devolver uma criança morta aos pais, um pai preso aos filhos ou reconstruir uma casa demolida.

A solução definitiva para a saúde mental na Palestina está nas mãos dos políticos, não dos psiquiatras. Portanto, até que eles façam seu trabalho, nós, profissionais da saúde, continuamos a oferecer tratamento paliativo e a sensibilizar o mundo para o que acontece na Palestina.

NÓS DEVEMOS SUPERAR

É difícil não nos perguntar se os ataques de Israel aos palestinos são deliberadamente concebidos para criar uma geração traumatizada — passiva, confusa, incapaz de resistir. Conheço o suficiente sobre opressão para diagnosticar feridas que não sangram e reconhecer os sinais de alerta de uma deformidade psicológica. Preocupo-me com uma comunidade forçada a extrair vida da morte e paz da guerra. Preocupo-me com os jovens que vivem toda a sua vida em condições desumanas; e com bebês que abrem os olhos para um mundo de sangue e armas. Estou preocupada com o inevitável entorpecimento que a exposição crônica à violência traz. Temo também a mentalidade de vingança — o desejo instintivo de perpetuar nos opressores os erros cometidos contra si mesmo.

Ainda não foi realizado um estudo epidemiológico abrangente a respeito dos transtornos psicológicos na Palestina. Apesar de tudo o que se publicou sobre a psicopatologia palestina relacionada à guerra, minha impressão é que a doença mental ainda é uma exceção na Palestina. A resiliência e o enfrentamento continuam sendo a norma no nosso povo.

Apesar de todas as demolições de casas e da pobreza extrema, não é na Palestina que você encontra pessoas dormindo nas ruas ou comendo em latas de lixo. Essa resiliência se baseia em alicerces familiares, firmeza social e convicção espiritual e ideológica.

Nossa história assombra nosso futuro*

Maio de 2018

Um colega francês me perguntou certa vez: "Por que os palestinos ficam presos à Nakba? Eles celebram aldeias que não estão mais presentes em nenhum mapa e legaram a seus filhos chaves de casas há muito abandonadas. Por que eles não deixam tudo para trás e olham para o futuro?".

A resposta é que a Nakba não é apenas um trauma histórico, mas uma aflição acumulativa que continua afetando a identidade palestina tanto coletiva como individualmente; a Nakba é uma lesão contínua que nunca foi curada. A Nakba é um insulto contemporâneo renovado a cada palestino humilhado, preso ou morto; sal é adicionado à ferida da Nakba a cada casa demolida e a cada pedaço de terra confiscado.

A memória da Nakba não se mantém viva pela chave que passa da mão do avô para a mão do neto. A memória reside na identidade e na autoimagem danificadas que nos foram impostas e que são transmitidas de geração em geração.

---

* Texto extraído de um artigo publicado no *Middle East Monitor*.

Herdamos a Nakba da geração oprimida e expulsa que veio antes — uma herança angustiada portadora de lembranças ruins, como se nossos próprios genes estivessem angustiados. Nem a tentativa de esquecer, nem a senilidade da velhice são capazes de dissipar essas memórias. O silêncio não pode desfazer o impacto chocante delas. Pelo contrário, a celebração da Nakba é necessária para a compreensão do presente e para a reparação dos danos do passado. Um trauma coletivo requer uma cura coletiva por meio de narrativas populares, rituais e representação simbólica, bem como justiça restaurativa. O silêncio e a negação apenas irão aprofundar a ferida e nos fazer experimentar futuras calamidades.

"Mas os palestinos que se aproximam da cerca em Gaza devem ser suicidas!", proclama enfaticamente meu colega francês, sem curiosidade pelos pensamentos e sentimentos desses palestinos. Seu diagnóstico rápido não reconhece que esses palestinos talvez tenham a intenção de comunicar uma necessidade, de alterar as condições imutáveis do status quo. Esses palestinos talvez tenham a intenção de protestar contra o roubo de suas terras e contra o cerco ou a divisão de seu povo. Mas ao fazer um diagnóstico rápido, meu colega exclui a oportunidade de ouvir e de negociar melhores estratégias; ao formular julgamentos com base no comportamento superficial, a compreensão genuína entra em curto-circuito.

Existe uma diferença entre o perfil psicológico de uma pessoa que tenta o suicídio por problemas pessoais e o de alguém que se sacrifica em um contexto de luta social. A pessoa suicida está desesperada, afasta-se dos outros de forma pessimista ou temendo ser um fardo para eles. São atos suicidas muitas vezes egocêntricos, porque a centelha de vida da pessoa perdeu significado em termos interpessoais. Em comparação, o indivíduo que se sacrifica — mesmo a caminho da morte — pode estar cheio de esperança, talvez até demais. O autossacrifício muitas vezes envolve uma dedicação altruísta, uma vontade de melhorar as oportunidades futuras deles. Sua esperança é extinguir a própria alma no serviço de levar luz aos outros e iluminar o caminho à frente.

Lembro-me de um sonho que tive há alguns anos. Eu caminhava na escuridão e via criaturas de pelo marrom andando lentamente sobre quatro patas. De vez em quando, uma delas parava e virava a cabeça para cima. Estava escuro demais para ver com nitidez, mas finalmente reconheci um rosto humano. Esse sonho foi sobre meu povo e sua invisibilidade para o mundo.

Quando nós, palestinos, lutamos por nossos direitos, somos chamados de terroristas. Quando nos manifestamos de forma não violenta e somos mortos pelas forças de ocupação, somos chamados de suicidas. Avi Dichter, presidente do Comitê de Relações Exteriores e Defesa de Israel, chamou os manifestantes pacíficos de "idiotas".

Há pessoas dispostas a abrir os olhos nesta escuridão e ver o rosto humano palestino?

Ao longo da história, milhões de pessoas marcharam para que suas vozes fossem ouvidas. Os seres humanos muitas vezes fazem sacrifícios em prol de seus valores ou em nome de pessoas sob seus cuidados. Quando eles morrem, são glorificados e considerados mártires de sua causa. Por que deveria ser diferente quando esses seres humanos são mortos pelas forças israelenses? Há dois meses, Arnaud Beltrame, um policial francês que trocou de lugar com um refém num ataque terrorista em Trebes, infelizmente acabou morto, porém seu comportamento foi elogiado, visto como corajoso e heroico, e não como suicida.

A grande marcha que começou no Dia da Terra Palestina e que continua enquanto escrevo este texto, na amarga ocasião do estabelecimento da embaixada americana na minha cidade ocupada de Jerusalém, destina-se a celebrar o 70º aniversário da Nakba. Essa marcha tem um significado especial para os palestinos. Enquanto alguns proprietários de terra a consideram mera propriedade geradora de lucro econômico, que pode ser explorada para a obtenção de água, energia e alimentos, os palestinos pensam diferente. Como povo expropriado, eles veem a terra como um aspecto de sua própria alma, representante de sua identidade ferida. Ligados à sua terra em profunda conexão, muitos palestinos estão prontos para morrer por ela. O julgamento prematuro, a rotulagem psiquiátrica ou a exploração do autossacrifício não promovem a compreensão dessa situação.

A terra é o espaço material da história de vida dos palestinos, como acontece com todas as pessoas. Que possa haver espaço na terra para os palestinos, a fim de que os seres humanos não procurem suas histórias de vida na clandestinidade. É uma grande angústia que tantos palestinos sejam mortos defendendo seus sonhos. Nosso único consolo é acreditar que, se nos deixaram para sempre por escolha própria, eles continuam, de alguma forma, perseguindo esses sonhos lindos.

O trauma colonial e intergeracional da Palestina

A experiência dos palestinos vai além do rótulo TEPT*

Fevereiro de 2019

Os idosos na Palestina se lembram, com ironia, das doações de roupas de caridade que receberam quando se tornaram refugiados em 1948: ocidentais bem-intencionados enviaram gravatas, calças curtas e boinas para vestir uma população que anteriormente usava trajes tradicionais palestinos. As novas vestimentas ocidentais apareceram subitamente nos corpos da população local, com resultados hilários.

O mesmo acontece com a experiência psicológica palestina quando é forçada a entrar em categorias ocidentais, como o transtorno de estresse pós-traumático (TEPT) — o transtorno psiquiátrico mais comumente atribuído aos palestinos.

Os jornalistas gostam de reportar uma elevada prevalência de problemas de saúde mental na Palestina, para dramatizar os impactos da nossa realidade política, por vezes generalizando excessivamente um estudo de âmbito limitado, de modo que pareça aplicar-se a toda a população. Outras vezes,

---

* Texto extraído de um artigo publicado no *Middle East Eye*.

interpretam mal os dados epidemiológicos ou não conseguem diferenciar entre um sintoma e um diagnóstico completo.

TRAUMA HISTÓRICO COLETIVO

As organizações não governamentais também gostam do termo TEPT, pois ele parece contribuir para a geração de fundos. Ao observar essas ONGs distribuírem questionários à população para triagem de TEPT com uma mão e oferecerem comida com a outra, algumas pessoas podem sentir-se tentadas a expressar sua fome, miséria e pobreza assinalando os inventários de TEPT.

O TEPT foi um conceito desenvolvido num contexto de guerra para descrever a experiência dos soldados; inicialmente criado para dar conta das reações dos veteranos que regressavam do Vietnã, evoluiu para termos como "neurose de combate", "choque de guerra" e "fadiga de batalha". Desde então, o conceito foi alargado, a fim de abarcar uma gama mais ampla de eventos traumáticos, inclusive o da violência sexual, embora o TEPT ainda não consiga abranger as experiências das comunidades que convivem com traumas históricos coletivos.

A definição psiquiátrica de trauma não acomoda a experiência mais comum dos palestinos: humilhação, objetificação, desamparo forçado e exposição diária a estresse tóxico. Uma criança que saiu de uma prisão israelense afirmando que o soldado que lhe deu um cigarro é melhor do que o pai dela, que lhe negou cigarros, pode não apresentar sintomas de TEPT numa lista de verificação de trauma, mas é bastante viável a suspeita de danos graves.

Na Palestina, ameaças traumáticas são contínuas e duradouras. Não existe segurança pós-trauma. Reações como evitação e hipervigilância são consideradas disfunções psicológicas num soldado que regressa à segurança de sua cidade natal. Para os prisioneiros palestinos torturados, tais sintomas, porém, são reações razoáveis, pois a ameaça perdura; a qualquer momento eles podem ser presos e torturados novamente.

MEU CORPO ESTÁ INTOXICADO

As ferramentas e os instrumentos ocidentais utilizados na investigação do TEPT na Palestina não são clínica ou culturalmente válidos, pois não levam em consideração expressões palestinas comuns de sofrimento: *badany masmum, maqhur, mazlum, maksur khatry* são as que ouço com mais frequência de meus pacientes, quando pergunto sobre seus sentimentos. Essas palavras podem ser traduzidas como: "Sinto que meu corpo está intoxicado, oprimido, exposto à injustiça; que meu desejo está quebrado".

Os conhecidos instrumentos psicométricos não dão conta de tais sentimentos. Falta especialmente a compreensão de que os múltiplos traumas infligidos aos palestinos pela violência política também representam um trauma coletivo vivido pela sociedade. Tal como um trauma individual prejudica o tecido cerebral de uma pessoa, um trauma coletivo prejudica a integridade do tecido social: a capacidade de estabelecer vínculos coletivos, confiança, normas, visões de mundo e convenções morais.

Compreendemos até certo ponto os sentimentos de desconfiança e alienação observados nas sociedades oprimidas, mas o modelo individualizado do TEPT ignora os aspectos coletivos da experiência psicológica dos palestinos.

LEMBRANÇA E RECONCILIAÇÃO

O trauma coletivo pode ser aliviado por meio da promoção de esforços coletivos como o reconhecimento, a memória, a reconciliação, o respeito pelas minorias, o apoio aos aflitos e a ação cooperativa em massa. A campanha de solidariedade Somos Todos Maria, com as mulheres de Jerusalém, e a reconciliação entre famílias lesadas de Gaza, cujos filhos lutaram no conflito interno de 2007, são exemplos de esforços para curar lesões no tecido social da Palestina.

A verdade é que não há uma investigação epidemiológica abrangente sobre saúde mental na Palestina. Há um longo caminho a percorrer antes que se possa tirar conclusões sobre a saúde mental nas nossas comunidades. Até lá devemos examinar com olhar crítico os resultados dos levantamentos epidemiológicos realizados em condições de emergência.

É mais apropriado uma abordagem dimensional da saúde mental comunitária do que pesquisas de psicopatologia individual das pessoas que vivem num contexto patogênico. Como observou o escritor Stefan Collini no ano passado: "Há coisas que podem ser medidas. Há coisas que vale a pena medir. Mas o que pode ser medido nem sempre é o que vale a pena medir; o que é medido pode não ter relação com o que realmente queremos saber".

Os palestinos precisam produzir conhecimento a partir da sua experiência de trauma. A pesquisa qualitativa pode fornecer informações importantes, que ajudem a refinar nossas definições conceituais de trauma e delinear propriedades psicométricas relevantes. Estamos abertos a parcerias com pesquisadores internacionais que queiram compartilhar conosco a compreensão de nossas experiências únicas. Há muito o que aprender na Palestina.

Compreendendo o trauma colonial e intergeracional da Palestina a partir de uma perspectiva de saúde mental[*]

Novembro de 2023

Na Palestina, o trauma não permanece apenas com o indivíduo nem fica ocioso no passado. Milhões de pessoas numa faixa de terra densamente povoada enfrentam a perda constante de sua casa, de sua terra e de sua segurança. Uma em cada duzentas pessoas morre em Gaza desde 7 de outubro de 2023. A cada hora caem, em média, 42 bombas israelenses sobre a região, 15 pessoas são mortas (6 delas crianças), 35 ficam feridas e 12 edifícios são destruídos, de acordo com dados do Escritório de Coordenação de Assuntos Humanitários (Ocha), da ONU. A água, os alimentos, o combustível e a eletricidade acabaram nos hospitais e em toda a região, desencadeando uma crise humanitária sem precedentes.

Eyad El-Sarraj, fundador do Programa Comunitário de Saúde Mental de Gaza, já falecido, disse em 2005 que os efeitos psicológicos da ocupação de Gaza por Israel e da violência

---

[*] Texto extraído de um artigo publicado no *The Hindu*.

na Palestina criaram um "desamparo aprendido". O objetivo é "tornar toda a população cativa do medo e da paralisia".

Os estudos que medem a "dor psicológica social e o sofrimento social" conseguem captar o impacto social mais amplo do trauma, mas podem, potencialmente, ignorar as experiências individuais e a complexidade das respostas ao trauma. Por outro lado, uma abordagem individualista do trauma pode patologizar o indivíduo, sem conseguir fornecer soluções para o contexto patologizante.

O trauma no ambiente palestino é um tema profundamente complexo. Na prática clínica, vejo com mais frequência pessoas afetadas por um trauma coletivo prolongado e duradouro, que mudou sua visão de mundo e seu sistema de crenças, do que pessoas que sofrem dos habituais sintomas de reexperiência do trauma, hipervigilância e esquiva.

Os palestinos têm sido expostos a fatores de estresse crônicos, entre eles o deslocamento forçado, dificuldades econômicas e a ameaça contínua de detenção. O impacto psicológico da esperança, das aspirações e dos sonhos destruídos, junto ao sentimento de abandono e de traição representam o colapso das aspirações pessoais e do anseio coletivo por uma vida pacífica e digna no meio do conflito persistente.

No decorrer do tempo, as expressões palestinas do trauma evoluíram devido, provavelmente, à exposição prolongada ao conflito e à opressão. Essa exposição ao longo das gerações não só trouxe respostas adaptativas, mas também um sofrimento psicológico significativo, que afeta os processos cognitivos, a regulação emocional e as relações interpessoais. Viver sob tais condições por um período prolongado pode ocasionar uma série de impactos psicológicos, entre os quais: aumento da ansiedade, depressão e sensação de desamparo. Além disso, a exposição prolongada ao trauma pode alterar o desenvolvimento do cérebro na infância e prejudicar a memória, a atenção e os processos de tomada de decisão em adultos. Pode alterar a personalidade, a identidade e a percepção de si mesmo e dos outros.

Políticas opressivas, deslocamento forçado e negação de moradia provocam efeitos duradouros nas famílias e nas gerações. A ausência de um ambiente doméstico estável e fatores de estresse crônicos afetam a saúde mental por gerações e gerações. O trauma não atingirá apenas o vínculo entre pais e filhos; um pai traumatizado também pode transmitir esse trauma epigeneticamente aos filhos.

Existem inúmeros exemplos de trauma intergeracional, entre eles a reação dos palestinos diante dos deslocamentos massivos em Gaza, dos deslocamentos forçados e da Nakba, e um medo contínuo diante de imagens de pessoas desalojadas de suas casas em Gaza.

Intervenções terapêuticas por vezes podem se mostrar inadequadas: sugerir autocuidado a um povo que enfrenta o genocídio não é uma boa ideia! Em sociedades coletivistas como a Palestina, o trauma com frequência é partilhado coletivamente nas famílias, entre vizinhos e entre comunidades inteiras. Essa natureza coletiva do trauma pode não estar alinhada com o foco individualizado dos critérios diagnósticos ocidentais. Experiências traumáticas como a expropriação de terra, o deslocamento forçado ou o testemunho da violência contra familiares podem causar efeitos de longo alcance que vão além de sintomas psicológicos individuais.

A distinção entre lesões individuais e coletivas compreende o impacto social mais amplo do trauma e expõe causas sistêmicas, em vez de patologizar indivíduos. Reconhecer e tratar desses impactos multifacetados é crucial para fornecer aos indivíduos e às comunidades apoio e intervenções adequadas.

A campanha Somos Todos Maria transmitiu, de forma poderosa, as experiências das mulheres palestinas que vivem sob ocupação, ao mesmo tempo que trabalhou para promover a cura de lesões no tecido social da Palestina. A cultura palestina tem suas práticas próprias de cura e intervenções comunitárias que podem não se alinhar com as abordagens terapêuticas ocidentais convencionais. Elas incluem, por exemplo, crenças religiosas e nacionalistas, contação de histórias, glorificação de mártires, conexões com a terra (por exemplo, a colheita de azeitonas é como uma festa para os palestinos) e reuniões comunitárias, que estão profundamente enraizadas no tecido cultural.

Os profissionais de saúde mental podem focar em sumud, firmeza, solidariedade, reparação, resistência, responsabilização, narrativas, narração de histórias e cura comunitária, contribuindo para abordar o trauma coletivo para além das definições clínicas. Tais esforços visam reconstruir o tecido social, validar experiências e promover a resiliência.

Ou seja, abordar o trauma coletivo requer perspectivas mais abrangentes, que vão além de modelos clínicos. É preciso abraçar práticas culturais, históricas e comunitárias e, ao mesmo tempo, reconhecer as injustiças sistêmicas que perpetuam o sofrimento. Temos de capacitar a comunidade palestina para entender a saúde mental como uma forma de resistência contra o impacto da ocupação na nossa mente.

Falando por meio dos nossos medos*

Agosto de 2018

Algumas vezes, minha mãe, ansiosa, me acordou para me informar quem tinha sido a última pessoa presa por causa de uma declaração nas redes sociais, e para me alertar sobre a publicação das minhas opiniões na minha página. Quando me despeço dela antes de viajar para o exterior, ela sempre rebate com um alerta: "Não se envolva em política e não diga nada sobre Israel!". E eu respondo com um toque de humor: "A minha palestra é sobre a saúde mental palestina. Israel não tem nada a ver com saúde mental, tem a ver com doença mental". Mas minha mãe não relaxa nem ri das minhas tentativas de tranquilizá-la. Saio rapidamente antes que os medos dela me afetem.

Minha mãe não é a única a entregar à ocupação um serviço gratuito de autocensura. Existem algumas expressões comuns que encorajam o silêncio na Palestina: "Os muros têm ouvidos", "Ande calmamente ao longo do muro e peça a Deus

---

* Texto extraído de um artigo publicado no *Middle East Monitor*.

que cubra você". Pior ainda é o clérigo que, ao deparar com uma noiva silenciosa numa cerimônia de casamento, declara que "o silêncio é um sinal de aceitação". Não é preciso ser psiquiatra para perceber que o silêncio de alguém também pode ser sinal de uma pessoa intimidada e com medo.

A realidade palestina silenciou para sempre palestinos como o escritor Ghassan Kanafani e o cartunista Naji Al-Ali, mortos por causa de suas opiniões. Vários outros artistas palestinos foram presos por expressar livremente seus pensamentos. A poeta Darin Tatur foi condenada por seu poema "Resista, meu povo, resista a eles", considerado pelos israelenses um "incitamento à violência".

No entanto as postagens do rapper israelense The Shadow não são consideradas "incitamento à violência", embora em uma delas ele esteja segurando uma imagem de testículos acompanhada das palavras: "Vingança, Bibi [Benjamin Netanyahu], acho que você se esqueceu disso!". Em outra publicação, o rapper apela à equipe médica do exército israelense, pedindo que retire os órgãos dos palestinos assassinados, a fim de doá-los ao Centro Nacional de Transplantes de Israel. Israel é igualmente tolerante com a "liberdade de expressão" dos autores da *Torá do Rei*, que explicam que a injunção "Não matarás" se aplica apenas a "um judeu que mata um judeu". A *Torá do Rei* afirma que os não judeus são "insensíveis por natureza" e que os ataques contra eles justificam-se porque "restringem suas más inclinações". Da mesma forma, os bebês e as crianças dos inimigos de Israel podem ser mortos sem escrúpulos, uma vez que "é claro que crescerão para prejudicar os judeus".

Os israelenses escapam impunes ao dizer tais coisas e até ganham popularidade e status por declarações como essas. Nesse contexto, lembramos como Ayelet Shaked, na condição de membro do Knesset, descreveu as mulheres em Gaza como "cobras", incentivando que fossem assassinadas durante o ataque de 2014. Hoje ela é a ministra da Justiça israelense!

Recentemente, Lama Khater, jornalista palestino e crítico de Israel, foi enviado a uma prisão israelense, unindo-se a outros 22 jornalistas também presos. Frequentemente, pessoas na Palestina perdem seus empregos ou oportunidades de trabalho por ousarem expressar opiniões políticas que não se enquadram nas opiniões vigentes. No exterior, os estudantes cujo ativismo se centra na Palestina têm seus estudos e suas oportunidades de emprego ameaçados.

Paradoxalmente, enquanto alguns são prejudicados por falar abertamente, outros são prejudicados por escolher não falar. Entre os meus pacientes psiquiátricos na Palestina, havia uma mulher que sofria de afonia porque as forças de inteligência israelenses a chantagearam com registros de telefonemas que ela fazia a seu amante. Um jovem ativista palestino que vivia uma relação homossexual secreta foi ameaçado de ser "arrancado do armário" e abusado até adquirir hemorroidas e doenças sexualmente transmissíveis caso se negasse a colaborar com os israelenses. Outros, feridos, morreram por se recusarem a denunciar os ativistas em troca de permissão de acesso a serviços médicos fora de Gaza.

Lidar com o silêncio é uma atividade diária no meu ofício. Atendo muitas pessoas com falta de ar e dores no peito, sintomas causados pela sensação de que estão se afogando na sociedade. Muitos sofrem de disfunções sexuais por não conseguirem se comunicar abertamente sobre seus relacionamentos. Vítimas de tortura silenciam sobre sua experiência ou porque acreditam que denunciar é inútil, ou por temerem novas vinganças. Indivíduos deprimidos permanecem calados sobre seus pensamentos suicidas por anteciparem a rejeição ou por temerem ser trancados num hospital. Conheço o custo do silêncio encontrado na patologia, agindo de forma agressiva ou tornando-se disfuncional.

Fora da minha clínica, sou sempre confrontada com questões sobre segurança devido ao meu discurso em público: "Você não teme ser presa ou sofrer outros danos pelo que está falando e escrevendo?". Os mal-intencionados dirão: "Mas o fato de você estar aqui e poder falar não é uma prova de que Israel é uma verdadeira democracia?".

Falo não só por ser uma pessoa coerente dentro e fora do meu exercício profissional, mas porque não posso fazer de outra forma. Não posso fingir que não sei; não posso negar o que sinto sobre a realidade política; não posso virar o rosto para o outro lado. Falo para protestar contra a violência e para tentar estabelecer um diálogo crítico genuíno com o outro. Isso é o melhor que posso fazer diante de uma realidade opressora. Expressar meus pensamentos é o coração da minha humanidade. Esse é o direito mais básico, sem o qual nenhum outro direito humano pode ser estabelecido.

Psicopatologia desencadeada por prisão e tortura

Como Israel explora os papéis de gênero para desacreditar as ativistas palestinas*

Maio de 2020

As mulheres palestinas na prisão são ridicularizadas e desacreditadas por negligenciarem seu papel "tradicional" e não recebem nenhum apoio psicológico.

Em *L'an V de la révolution algérienne*, Frantz Fanon descreve a mentalidade colonial francesa na Argélia:

> *Se quisermos destruir a estrutura da sociedade argelina, sua capacidade de resistência, devemos primeiro conquistar as mulheres; devemos encontrá-las atrás do véu onde se escondem e nas casas onde os homens as mantêm fora de vista.***

Na Palestina, a opressão de homens e mulheres por Israel tem um impacto diferente. Os homens estão expostos à violência relacionada à ocupação devido à sua maior presença na esfera pública, enquanto as mulheres são alvo de

---

* Texto extraído de um artigo publicado no *Middle East Eye*.
** Frantz Fanon. *L'an V de la révolution algérienne*. Paris: La Découverte, 2011.

outras formas. A opressão e o colonialismo exacerbam as desigualdades de gênero preexistentes, pois a violência política incentiva uma atitude "protetora" que impede as mulheres de participar da vida comunitária.

A ocupação afeta a masculinidade dos homens palestinos, humilhando-os e rebaixando-os. Um homem cuja dignidade é pisoteada em um posto de controle pode facilmente deslocar seu sentimento de derrota para alguém mais fraco do que ele, geralmente uma mulher em casa.

INCITANDO O DESPREZO

O empobrecimento generalizado das famílias sob ocupação e a sensação de um futuro sombrio incentivam as meninas a se casar cedo e os meninos a abandonarem a escola.

As mulheres são ainda mais insultadas, porque os políticos israelenses se referem ao útero delas como bombas-relógio demográficas, embora a taxa de natalidade palestina esteja diminuindo acentuadamente. Esse preconceito pode impedir o acesso de mulheres grávidas aos hospitais, colocando-as na posição de ter que dar à luz em postos de controle, com trágicas taxas de mortalidade para bebês e mães, conforme relatado na *The Lancet*.

Táticas sexistas também são comumente usadas para desacreditar as ativistas palestinas, negando sua feminilidade e status social e incitando os homens a desprezá-las.

Por exemplo, uma publicação de 2018 no Facebook, feita por um porta-voz do exército de ocupação israelense, trazia o seguinte texto, acompanhado da foto de uma manifestante de Gaza:

A boa mulher é a mulher honrada, que cuida de seu lar e de seus filhos e serve de exemplo para eles. No entanto, a mulher frustrada que não tem honra não cuida dessas coisas, age descontroladamente contra sua natureza feminina e não se importa com a forma como é vista na sociedade.

Invocar a honra e o papel "natural" das mulheres reforça estereótipos de gênero injustos e as desencoraja a atuar na política. Portanto a sociedade e as famílias são lembradas de que devem limitar as mulheres a seus papéis tradicionais, para protegê-las da violência e do abuso.

PRESOS POLÍTICOS

No entanto é na experiência dos prisioneiros políticos que a diferença de gênero se mostra maior. Trabalho com ex-prisioneiras para ajudá-las a ter acesso a atendimento psicológico e a denúncias judiciais, e isso me ensinou muito sobre como o sistema militar israelense se utiliza de táticas baseadas em gênero e insinuações sobre tabus culturais para pressionar as prisioneiras e a sociedade palestina.

Ao longo das décadas de ocupação israelense, milhares de mulheres palestinas foram presas. Assim como os homens, elas são detidas por seu ativismo ou como forma de pressionar parentes seus envolvidos na luta. Às vezes, os gritos de uma mulher submetida a um "interrogatório" são explorados para forçar irmão, marido ou filho a confessar.

No verão passado, a estudante universitária Mais Abu Ghoch foi torturada por um mês. Quando seus pais foram levados ao centro de detenção, não conseguiram reconhecê-la. Revistas íntimas vexatórias em presídios e a troca de absorventes higiênicos e papel higiênico por informações são práticas comuns às quais muitas presas são submetidas.

Essas mulheres sofrem especialmente com a perda dos laços sociais, pois muitas vezes são encarceradas fora do território ocupado em 1967, em violação ao artigo 76 da Quarta Convenção de Genebra. Com frequência, é negada a seus parentes a permissão necessária para visitá-las.

ESTOU COM MEDO

As detentas também não recebem apoio psicológico quando mais precisam. Em janeiro de 2018, Israa Jaabis, uma mãe palestina de Jerusalém acusada de tentativa de homicídio depois que seu carro pegou fogo perto de um posto de controle israelense em 2015, escreveu uma carta dolorosa, denunciando que as autoridades prisionais a estavam impedindo de ver seu filho e expressando sua grande necessidade de apoio psicológico.

Tenho medo quando me olho no espelho; imagine como os outros devem se sentir quando olham para mim, escreveu ela, observando que suas necessidades médicas e psicológicas haviam sido negligenciadas, embora as normas da ONU afirmem que as autoridades prisionais "devem se esforçar para garantir acesso imediato a apoio ou aconselhamento psicológico especializado [às mulheres presas]".

As detentas também sofrem com o que acontece fora da prisão. Quando um homem é preso, geralmente uma mulher fica sobrecarregada de trabalho e de responsabilidades, para compensar a ausência desse homem. Mas quando uma mulher é colocada atrás das grades sua maternidade passa a ser questionada e seu marido se apressa em encontrar uma nova esposa para fornecer uma mãe a seus filhos.

Embora não seja dito abertamente, persiste a opinião de que é reprovável uma mulher deixar seus filhos para trás. E um grande silêncio envolve a possibilidade de ela ter sido agredida sexualmente na prisão.

Enquanto os homens palestinos costumam ser glorificados após saírem da prisão, as mulheres libertadas enfrentam dificuldades para encontrar emprego, um parceiro e assumir um papel ativo em uma sociedade protetora.

VIOLÊNCIA ESTRUTURAL

A opressão na Palestina ocorre em várias frentes, nas quais a violência estrutural e a repressão política prejudicam as liberdades individual e coletiva. As mulheres — sobretudo as ativistas e ex-prisioneiras — enfrentam uma infinidade de lutas em seu caminho para a libertação.

Os movimentos feministas têm se eximido de defender os direitos das mulheres palestinas presas; e são essas organizações que teriam os meios para fazer isso e que poderiam destacar as questões de gênero da ocupação na Palestina e garantir que essas desigualdades e sistemas de opressão não fossem esquecidos.

Os palestinos devem desafiar essa dinâmica, que enfraquece nossa capacidade de resistir à ocupação e nos subjuga ainda mais. A falta de influência das mulheres contribui para o colonialismo e para outras relações de poder étnicas e de classe.

Uma flexibilidade maior nos papéis de gênero aumentaria a resiliência dos palestinos diante do trauma, libertando as mulheres da prisão que ocupam dentro de si mesmas, a fim de poderem se transformar em agentes ativos de mudança e resistência.

Não há pai: adolescentes palestinos defendem a libertação*

Outubro de 2015

Os atos violentos de resistência à ocupação entre os jovens são um sintoma da desorganização da sociedade na qual eles lutam para sobreviver.

A participação auto inspirada e improvisada de adolescentes sem filiação política é um fenômeno notável dessa revolta atual. São jovens que nasceram após os acordos de Oslo e assistiram, à distância, às três guerras em Gaza, que testemunharam a crueldade crescente dos colonos contra a população palestina na Cisjordânia e que agora veem claramente a expansão israelense tomando conta de tudo o que é palestino em Jerusalém.

Esses meninos não estão desesperados nem são suicidas, tampouco são delinquentes e imorais. Pelo contrário, a biografia de muitos deles mostra uma ambiciosa busca por excelência e realização. Eles se consideram jovens capazes, altruístas, protetores do povo palestino e estão dispostos a fazer sacrifícios extremos para atingir esses objetivos.

---

* Texto extraído de um artigo publicado no *Middle East Eye*.

Ahmad Manasra, de treze anos, foi ferido por israelenses e deixado sangrando na linha férrea do trem, acompanhado de gritos insultuosos de transeuntes israelenses, que pediam que lhe metessem uma bala na cabeça. Acusavam-no de ter esfaqueado um jovem israelense. Ahmad era aluno da Al Nayzak, matriculado em um programa extracurricular para alunos com talento para ciência, tecnologia, engenharia e matemática. Mustafa Al Khatib, de dezessete anos, foi assassinado em Jerusalém, atiraram nele pelas costas. Mustafa era um aluno popular e distinto da Escola Al Ibrahimiya. A infância dessas crianças, porém, foi completamente ignorada pela mídia israelense, que as chamou de terroristas.

Não pretendo incentivar a violência, mas sou levada a investigar e a explicar suas origens, e a exigir uma resposta madura a ela. A adolescência é uma fase do desenvolvimento que se caracteriza por impulsividade, vulnerabilidade emocional e busca de identidade, mas nossos adolescentes não passam por ela de forma pacífica.

"Nós o levaremos ao quarto número quatro. Você sabe o que é isso? Você entra nele com duas pernas e sai de quatro." Nos últimos anos — bem antes dos confrontos atuais, portanto — testemunhos como esse foram relatados com frequência após os interrogatórios israelenses de menores no complexo russo em Jerusalém. Este é o objetivo estratégico dos israelenses para os palestinos que vivem sob ocupação: objetificá-los e explorá-los como animais de quatro patas, olhando para o chão, sem ousar defender seus direitos. "Árabe bom é árabe morto" é um slogan repetido com frequência pelos israelenses e expressa os sentimentos que a maioria deles tem pelos palestinos.

Hoje vemos esses "árabes mortos" e esses "palestinos de quatro" se levantarem contra a violação e a intimidação persistentes de seu povo e atacarem seu opressor com armas improvisadas. Ao fazer isso, eles reafirmam de forma extrema que têm vontade e iniciativa, que são capazes de fazer escolhas e que estão dispostos a arriscar a vida para enfrentar o inimigo. O que eles não estão dispostos é a viver "de quatro".

Ao longo dos anos, a ocupação israelense minou a estrutura das famílias palestinas e desorganizou sua comunidade. Os pais palestinos estão fragilizados, sentem-se incapazes de sustentar sua família ou de protegê-la das agressões. Oitenta por cento dos residentes de Jerusalém vivem abaixo da linha da pobreza, em moradias inadequadas e insalubres, com um status de "residência temporária" que pode ser revogado ao menor sinal de desafio à ocupação. Pessoas que fazem uso abusivo de drogas são um problema crescente. Há discrepâncias visíveis no estilo de vida e nas oportunidades entre os habitantes da Jerusalém Oriental e os habitantes da Jerusalém Ocidental. Quanto mais eles respiram livremente em Jerusalém Ocidental, mais nós sufocamos em Jerusalém Oriental.

Muitos pais palestinos foram mortos ou se tornaram psicologicamente alienados devido à prisão ou ao trauma da tortura; um terço dos homens palestinos estiveram em detenção israelense em algum momento da vida desde 1967. Muitos desses pais, libertados depois de longos anos na prisão, tornaram-se sombras de seu antigo eu. Eles testemunham que seu filho mais velho, embora ainda adolescente, tornou-se "o pai" em seu lugar.

PAIS DESAMPARADOS

Nossos filhos muitas vezes presenciam a prisão de uma criança em sua casa. Veem seus pais impotentes diante de soldados israelenses encapuzados, que invadem a casa com cães militares, gritando com a família em hebraico, e arrancam um irmãozinho da cama. Em alguns casos, engolindo as lágrimas, os pais são forçados a entregar o filho aos soldados. Nossos filhos viram a mãe ser espancada, humilhada e despida ao tentar defender um filho, e viram seu pai paralisado, incapaz de protegê-la. Falah Abu Maria, de Beit Ummar, foi morto quando tentou defender seu filho dos soldados.

Israel atacou e desacreditou deliberadamente qualquer pessoa que pudesse desempenhar o papel de uma figura paterna benéfica aos olhos dos palestinos. Muitos líderes palestinos foram simplesmente assassinados pelas forças israelenses: o ministro palestino Zeyad Abu Ein morreu em um violento confronto com soldados; um juiz palestino foi morto em um posto de controle em circunstâncias controversas; e toda a liderança árabe-israelense é intimidada e ameaçada de expulsão. Israel deteve dezenas de membros do Conselho Legislativo Palestino e chegou a propor que os membros árabes do Knesset fossem revistados antes de entrarem no Knesset, a fim de rebaixar ainda mais a imagem da liderança palestina.

Os adolescentes palestinos sabem muito bem que têm um futuro extremamente limitado sob a ocupação, com a imposição forçada de condições econômicas, políticas e sociais desesperadoras. É a promessa do "futuro" que ajuda as crianças e os jovens em desenvolvimento a adiar sua impulsividade natural e a se submeter à orientação dos pais. Prevendo nada além de seu potencial desperdiçado, os adolescentes palestinos são privados dos estímulos para controlar a impulsividade própria da adolescência. Percebendo nada ter a perder e ninguém em quem se inspirar, ficam vulneráveis a uma identificação concreta com o trauma generalizado, a violência, o luto e a morte ao redor.

A ocupação destrói sonhos, elimina todas as formas de esperança e amplifica o sofrimento dos adolescentes. O envolvimento agressivo dos jovens na resistência à ocupação é um sintoma da desorganização da sociedade na qual lutam para sobreviver.

Os atos dos nossos jovens expressam um anseio válido e legítimo por liberdade e dignidade, e necessitam do nosso apoio e estímulo. Devemos proteger nossos jovens de uma imprudência que possa abortar a vida deles e seus objetivos.

Adolescência aprisionada: o desenvolvimento interrompido de menores palestinos na prisão[*]

Dezembro de 2015

O Parlamento israelense aprovou recentemente uma lei que permite a condenação por até vinte anos de prisão de palestinos que atiram pedras, indivíduos que geralmente são menores de idade. A essa decisão seguiu-se uma lei que permitiu a prisão de crianças palestinas com doze anos de idade, se elas forem consideradas culpadas de crimes violentos com "motivação nacionalista".

Como clínica, frequentemente me deparo com adolescentes cujo crescimento social e psicológico foi interrompido por uma detenção política. Observo que muitos desses jovens se tornam ansiosos e deprimidos após essa experiência, enquanto outros mostram-se estoicos, sem conseguir expressar nenhuma emoção.

Majed (todos os nomes foram alterados) é um garoto de catorze anos; ele foi preso catorze vezes e em muitas delas brutalmente espancado. Em uma ocasião, as forças israelenses quebraram seus dentes e causaram vários ferimentos em sua

---

[*] Texto extraído de um artigo publicado no *Middle East Monitor*.

cabeça. Majed foi levado à minha clínica por uma irmã mais velha que acabara de concluir a faculdade de medicina. Ela explicou que ele não ouvia ninguém em casa, não respeitava mais seus professores e com frequência faltava à escola. Em vez disso, fazia amizade com homens de trinta, quarenta anos e passava o tempo com eles em cafeterias. Encontrei em Majed um adolescente que estava experimentando um crescimento hipertrófico de seu status de herói, às custas do comprometimento de outras áreas do desenvolvimento da personalidade. Esse é um perfil típico do adolescente ex-detento. Menos comumente, vemos reações como a de Mufid, para quem a experiência da detenção trouxe uma destruição mais profunda, pelo menos no que diz respeito à imagem que tinha do pai. Mufid afirmou: "O guarda da prisão era melhor do que o meu pai; ele me dava cigarros".

Majed e Mufid são apenas dois dos 700 jovens palestinos que são presos todos os anos. A idade média deles é de quinze anos e a duração média da detenção é de 147 dias. Noventa por cento dessas crianças e adolescentes foram expostos a experiências traumáticas e 75% deles desenvolveram distúrbios psiquiátricos diagnosticáveis. Para essas crianças e adolescentes, a experiência da prisão se sobrepõe a uma infância já bastante difícil, devido à ocupação israelense, na qual os serviços sociais e os sistemas de apoio educacional são precários, a nutrição e a assistência médica são inadequadas e a violência política é desenfreada.

Em toda parte, a adolescência é caracterizada por um movimento acelerado em direção à independência social e à formação de identidade, bem como por uma vulnerabilidade emocional e um comportamento impulsivo. Entretanto o contexto da ocupação intensifica os riscos e as consequências para os adolescentes palestinos. Alguns jovens consideram os perigos inerentes à resistência mais estimulantes do que uma rendição passiva à opressão. Eles sentem empatia e se identificam com o sofrimento da comunidade como um grupo, procurando estabelecer um status especial para si mesmos ao agir em nome dele. Enquanto os adolescentes de outros lugares podem romantizar e se inspirar nas estrelas da mídia, alguns adolescentes palestinos romantizam os combatentes da liberdade — como Muhannad Elhalaby, que, reagindo à sua sensação de impotência, pegou a arma de um colono israelense e matou dois colonos que atacavam a mesquita.

A realidade da detenção é uma história de horror, desamparo e humilhação para crianças e adolescentes. É comum que dezenas de soldados armados e cães invadam a casa da família no meio da noite, interrompendo o sono da vizinhança e demonstrando, com extrema violência, que a resistência não tem sentido. O pai da criança é intimidado, ameaçado, os soldados exigem que ele entregue seu filho, e muitas vezes é o que ele faz, apesar das súplicas chorosas da mãe e dos irmãos. Arrancado de sua cama quente, o menino é exposto a uma desorientação desnecessária e à violência física ao ser transferido para um destino desconhecido, muitas vezes também por um motivo desconhecido. Normalmente, ele é mantido dolorosamente algemado e vendado, e incapaz de se comunicar ou de entender as pessoas que gritam com ele em hebraico. É esbofeteado, chutado, socado e empurrado enquanto está amarrado e se vê completamente impotente. Em seguida, sozinho, sem a presença de um advogado ou de um dos pais, é interrogado por horas ou até por semanas, e privado de suas necessidades fisiológicas — comida, bebida, banheiro e sono. Ele é exposto a calor ou frio excessivos, forçado ao horror de testemunhar outros sendo torturados e despido antes de ser submetido aos mesmos procedimentos.

Os interrogadores infligem culpa nessas crianças, ameaçando membros de sua família: "Vamos trazer sua mãe e suas irmãs para cá"; "Vamos demolir sua casa". Deixando o horror para a imaginação do menor, o interrogador pode brincar com uma luva de borracha enquanto diz a ele: "Se você não falar os nomes dos seus amigos que jogam pedras, algo muito ruim vai acontecer com você". Os interrogadores então anunciam: "Eu vou levar você para a sala número quatro, onde as pessoas entram com duas pernas e saem de quatro". Os jovens detidos costumam ser informados de que seus amigos ou vizinhos os delataram; muitos se desesperam com essa mentira e acabam assinando seu nome em documentos hebraicos que não entendem. Muitas dessas crianças e adolescentes se lembram desses momentos principalmente com um insuportável sentimento de vergonha. Esses jovens são então condenados ao isolamento e à incerteza no ambiente hostil da prisão, onde a passagem do tempo e os processos da vida ficam congelados. Lá, seus vínculos são destruídos, pois poucas famílias conseguem obter permissão para visitar seus filhos.

Em março de 2013, durante um período de relativa calma política, o Fundo das Nações Unidas para a Infância (Unicef) descreveu os maus-tratos de crianças palestinas mantidas em centros de detenção militar israelenses como "generalizados, sistemáticos e institucionalizados". O Unicef examinou o sistema de tribunais militares israelenses e encontrou evidências de "tratamento ou punição cruéis, desumanos e degradantes". Há relatos de cães sendo utilizados para atacar crianças; de crianças e adolescentes violados sexualmente; e de jovens forçados a testemunhar ou a realizar atos que difamam sua religião.

A prisão de crianças tem como alvo o futuro da nação palestina. É um ataque ao corpo, à personalidade, ao sistema de crenças, às esperanças e aos sonhos dos jovens palestinos, tornando suas famílias disfuncionais e rompendo seus vínculos com sua comunidade.

Muitas dessas crianças saem da prisão incapazes de continuar aprendendo na escola ou de seguir uma profissão. A seus olhos, seus pais e professores estão desacreditados como figuras de autoridade. Sua confiança em seus amigos e vizinhos é destruída. A comunidade também pode não confiar nelas, porque outras crianças teriam sido informadas de que elas os haviam delatado para seus interrogadores. A criança que sai da prisão vive com um medo constante e realista de uma nova detenção, e sua família geralmente vivencia essa detenção de forma extremamente traumática; sente-se culpada por não ter conseguido protegê-la, podendo portanto, tornar-se de fato incapaz de guiá-la em uma jornada segura da infância à vida adulta. Incapazes de progredir, deixados sem estudos ou orientação familiar, muitos adolescentes não conseguem desenvolver uma identidade adulta madura e multifacetada. O ex-detento se apega à sua identidade de prisioneiro. Esses jovens ficam presos em um limbo perpétuo, incapazes de retornar à inocência da infância ou de seguir em frente como adultos funcionais.

Um sentimento de impotência muitas vezes se alastra entre os médicos que tratam desses jovens, pois as consequências psicológicas da prisão de crianças não se enquadram em um diagnóstico, em uma patologia, em uma medicalização. Esses jovens exigem que atuemos como testemunhas, que nos solidarizemos com eles e que os acompanhemos — e a suas famílias — na ressignificação da experiência. Nosso objetivo é ajudá-los a ressignificar e integrar a experiência vivida.

Hipócrates disse aos médicos, há vinte e cinco séculos, que nem sempre somos capazes de curar; que às vezes somos capazes de tratar; mas que sempre somos capazes de oferecer conforto. Nós, clínicos, não podemos libertar essas crianças das prisões israelenses, mas talvez possamos libertá-las da prisão interna quando retornarem à nossa comunidade.

Defendendo a dignidade humana: o fortalecimento da documentação de experiências de tortura na Palestina Ocupada[*]

Março de 2024

A tortura continua sendo uma realidade generalizada na Palestina, onde inúmeros indivíduos sofrem traumas físicos e psicológicos indescritíveis nas mãos das forças israelenses. A abordagem dessa grave violação dos direitos humanos exige uma análise abrangente, que inclua o desenvolvimento de competências especializadas para os profissionais de saúde encarregados de documentar e tratar os sobreviventes. Com formação no Protocolo de Istambul para investigação e documentação eficazes da tortura e de outros tratamentos cruéis, me dediquei a treinar colegas com as ferramentas necessárias para navegar por esse terreno desafiador. À medida que a violência se intensifica e que o fenômeno da tortura não se restringe aos centros de detenção, mas é testemunhado nas ruas dos territórios palestinos ocupados e filmado por câmeras, é mais imperativo do que nunca reforçar a capacidade dos profissionais de

---

[*] Texto extraído de um artigo publicado no *Middle East Eye* sob o título "How to hold Israel Accountable for Torturing Palestinians".

saúde para documentar experiências de tortura, amplificando, assim, as vozes dos sobreviventes em sua busca por justiça.

CONTEXTO

Desde 1967, a população palestina tem suportado o peso da opressão sistemática, com aproximadamente 800 mil indivíduos sujeitos a detenções arbitrárias. Dentro dos limites dos centros de detenção israelenses, os palestinos enfrentam diariamente abusos físicos e psicológicos brutais, que se enquadram nos rigorosos critérios de tortura estabelecidos pelas Nações Unidas. Os elementos-chave da tortura são a imposição intencional de sofrimento físico ou mental grave por um funcionário público, direta ou indiretamente envolvido, para atingir um objetivo específico. O aumento recente de incidentes de tortura, sobretudo desde 7 de outubro de 2023, serve como um forte lembrete da necessidade urgente de documentar essas atrocidades e responsabilizar os perpetradores perante os olhos da comunidade internacional.

A EXPERIÊNCIA DA TORTURA

As técnicas de tortura utilizadas contra os palestinos são tão variadas quanto bárbaras. Vão desde espancamentos físicos grosseiros até sofisticações, como a "tortura sem toque", importadas de práticas globais de interrogatório. Os interrogadores israelenses também exportam para o mundo técnicas de tortura específicas, como a "cadeira palestina". Além de infligir uma dor excruciante por meio de métodos como a suspensão e o afogamento simulado, as forças israelenses recorrem à guerra psicológica, explorando sensibilidades culturais e vulnerabilidades individuais para amplificar o sofrimento de suas vítimas. A privação do sono é uma parte essencial da tortura psicológica. Relatos de abuso sexual, sodomia e nudez forçada, denunciam o nível da depravação a que os detidos estão sujeitos. A combinação insidiosa de tortura física e psicológica serve não só para punir, mas também para extrair confissões e informações, deixando cicatrizes duradouras no corpo e na mente dos sobreviventes, traumatizando amigos e familiares, intimidando toda a comunidade palestina.

O IMPACTO PSICOLÓGICO

Um fator central para a eficácia da tortura é sua capacidade de destruir a resiliência psicológica de suas vítimas, reduzindo-as a um estado de total desamparo e dependência. Por meio de um processo sistemático de degradação e manipulação, os inquisidores arquitetam uma realidade em que o sentido de identidade da vítima é corroído e substituído por uma identificação patológica com o agressor.

Essa dinâmica insidiosa não só distorce a percepção de realidade das vítimas, como também prejudica a capacidade de elas articularem sua provação de forma coerente. Muito depois de as feridas físicas terem cicatrizado, os sobreviventes enfrentam uma miríade de sequelas psicológicas, entre as quais transtorno de estresse pós-traumático, depressão e uma profunda desconfiança em relação aos outros. Essas cicatrizes psicológicas duradouras representam sérios desafios ao processo de documentação na medida em que os sobreviventes navegam por um labirinto interior de défices de memória, confusão e sofrimento emocional induzidos por traumas.

DESAFIOS À DOCUMENTAÇÃO

Documentar experiências de tortura é um ato repleto de desafios, sendo o principal deles os efeitos duradouros do trauma na capacidade dos sobreviventes de recordar e contar suas experiências. O défice de memória, somado ao medo e à desconfiança generalizados, muitas vezes impedem os sobreviventes de se envolver no processo de documentação. Além disso, o próprio ato de revisitar lembranças traumáticas pode desencadear intenso sofrimento emocional ou evitação, comprometendo os esforços para a obtenção de narrativas coerentes. Como profissionais de saúde, devemos não só permanecer atentos a esses desafios, empregando práticas sobre o trauma que priorizem a autonomia e o bem-estar dos sobreviventes, como também defender o direito deles à verdade e à justiça.

CONCLUSÃO

Diante de violações tão abomináveis dos direitos humanos, a adesão ao Protocolo de Istambul possibilita o acesso a uma ferramenta de resistência profissional, que oferece um quadro padronizado para documentar a tortura, baseado em princípios de compaixão e dignidade humanas. Ao dotar os profissionais de saúde com as competências e os recursos necessários, é possível capacitar os sobreviventes de tortura para recuperarem a autonomia sobre suas narrativas, amplificando suas vozes na busca de responsabilização e reparação. Ao mesmo tempo que nos esforçamos para combater a tortura e defender os direitos das vítimas, sejamos solidários com os sobreviventes, testemunhando sua dor e defendendo incansavelmente um futuro livre de opressão e impunidade.

Estudo de caso: psicopatologia desencadeada por prisão e tortura*

2008

Desde o início da ocupação israelense dos territórios palestinos, mais de 650 mil palestinos foram encarcerados por Israel. Isso representa cerca de 20% da população palestina nos Territórios Ocupados e aproximadamente 40% da população masculina, já que a maioria dos detidos são homens. Na minha prática no setor Comunitário de Saúde Mental na Cisjordânia, observei que alguns pacientes tiveram seu primeiro episódio de doença mental enquanto estavam encarcerados ou assim que liberados. A seguir, um estudo de caso de um homem de 46 anos que desenvolveu uma psicose durante sua quinta detenção. Primeiro relatarei a história desse paciente em particular, depois iluminarei o caso com uma visão mais ampla dos efeitos da tortura.

---

* Texto extraído de *Impuls, Journal of .Psychology* (Special Issue on Trauma).

FAMÍLIA, HISTÓRIA PESSOAL
E PERSONALIDADE PRÉ-MÓRBIDA

O paciente Jamal é o terceiro de três irmãos e oito irmãs. Seu irmão mais velho foi assassinado. Seu pai faleceu. Jamal mora com a mãe, a esposa de 37 anos e os filhos: dois meninos e seis meninas entre 18 e 25 anos. Não há histórico de doença mental na família. O paciente tem ensino médio. Ele se casou com 19 anos, trabalhou na construção civil e atualmente está desempregado. Consta que Jamal é teimoso, reservado, perfeccionista e nostálgico.

EXAME MENTAL INICIAL

O paciente chega sozinho para a entrevista. Parece bastante organizado, tem pedaços de papel com os nomes e as doses dos medicamentos que usa. Mostra-se reservado, ansioso e se comporta de forma educada. Jamal afirma que está indo "bem", que seu único problema é o desemprego e a pouca concentração. Nega que venha tendo alucinações desde que saiu da prisão. No entanto, acredita que alguns "colaboradores" o estão seguindo e podem estar obtendo informações sobre ele e sua família. Ele "sabe" disso por causa dos cliques que escuta algumas vezes no telefone e dos gestos dos vizinhos quando o visitam. Ele parece angustiado ao falar sobre isso e reclama da "ingenuidade" da esposa e dos filhos por conversarem com estranhos. Nas sessões seguintes, sua história se desdobra enquanto ele fala mais das experiências na prisão, quase sempre chorando. Às vezes, sua esposa o acompanha e fornece o seu lado da história.

HISTÓRIA DA DOENÇA

Jamal é um ex-prisioneiro político. Foi detido sem acusação ou julgamento cinco vezes. A primeira, aos 14 anos, em 1975, após a morte do irmão mais velho, que nem era ativista e que foi assassinado "por acaso", no caminho da escola, ao passar por uma manifestação.

> Meu irmão foi ferido pelos soldados e eu fui preso. Na prisão, soube que meu irmão havia falecido. Passei seis meses lá. No começo, fiquei muito triste e foi muito difícil. Quando saí, senti que tinha envelhecido muito. Em 1981, estive novamente na prisão — ainda não sei o motivo. Naquela época, permaneci seis meses sob interrogatório. Na prisão tomei a decisão de me casar assim que eu saísse — eu queria uma vida comum. Casei-me alguns meses depois de ser libertado. Em um ano tive o primeiro filho. Em 1987, fui preso mais uma vez; minha esposa estava grávida e deu à luz enquanto eu estava no cárcere. Em 1990, eu tive grandes despesas financeiras e contraí dívidas, e a minha quarta detenção colocou minha família em dificuldades. As quatro detenções duraram seis meses, e em cada uma vivi sob interrogatório envolvendo tortura física e psicológica.

De acordo com a esposa de Jamal, ele parecia "normal" quando saía da prisão, embora nunca falasse de suas experiências. Mas, em 2003, ele foi detido novamente, dessa vez por onze meses, e quando voltou para casa estava mudado. Sua esposa contou:

> Quando ele saiu da prisão, me disseram que havia enlouquecido nos três últimos meses de detenção. No começo eu não acredi-

tei, mas agora estou preocupada com ele. Ele duvida de todos, de mim, das crianças, dos vizinhos, de todo mundo. E interpreta as coisas de forma errada: se um vizinho vai nos visitar, ele pensa que é um espião. Ele se recusa a comer o que as pessoas nos levam. Quebrou os telefones celulares e as antenas por achar que nos protegeria de informantes.

Sua esposa também acredita que ele ouve vozes. Ela nunca o pega falando sozinho, mas muitas vezes o vê concentrado e quieto, como se estivesse ouvindo algo ou alguém.

Ele dorme pouco e, quando dorme, grita e fala sobre tortura. Ele não dorme mais comigo, está impotente. Também come pouco e prepara a comida sozinho. Eu realmente me preocupo com ele. Ele está sempre cansado, muitas vezes triste, permanece o dia todo de pijama, não trabalha mais.

A quinta detenção parece que trouxe uma grande mudança na vida de Jamal. Em todas as detenções ele foi submetido a tortura, porém de forma mais pesada dessa última vez.

Eles tentaram me forçar a confessar coisas que eu não havia feito. Minhas mãos e meus pés estavam amarrados. Fui brutalmente espancado. Fui ultrajado com os insultos mais imundos relacionados à minha religião, à minha esposa e à minha mãe. Havia ameaças constantes de prejudicar minha família. Durante dias e noites, fiquei suspenso, às vezes de cabeça para baixo e outras em uma cadeira reversa, na "posição do sapo", como chamavam. Era extremamente doloroso. Eu sentia como se meus membros estivessem sendo rasgados. Depois vieram as duchas muito quentes e muito frias, o aprisionamento em uma sala minúscula, que eles chamavam de "armário", ou em uma menor ainda, que eles chamavam de "caixão". Havia também uma terceira sala, cheia de colaboradores, que era chamada de "quarto da vergonha", onde alguns prisioneiros sofriam abuso sexual. Frequentemente meu estômago doía de tanta fome e eu vomitava muito, principalmente quando eles puxavam minhas pernas e meus braços ao mesmo tempo. Muitas vezes tive que urinar sobre meu próprio corpo. Quando fiquei preso em total silêncio e completa escuridão, perdi a noção do tempo; não conseguia contar os dias. Muitas vezes o silêncio era quebrado pelos gritos de pessoas sendo torturadas ou dos guardas, ou por uma música em hebraico a todo volume. Lá comecei a sentir todo o meu corpo desmoronar. A cela era muito pequena, eu não podia me mexer. Minhas articulações estavam doloridas. Meus intestinos pareciam dilacerados; eu me sentia meio artificial dentro do meu próprio corpo; minhas vísceras não eram minhas. Foi lá que comecei a ouvir vozes e a ver rostos de pessoas de fora da prisão; eu imaginava que elas iam até lá para passar informações sobre mim. Eu ficava assustado e com raiva. Começava a gritar com elas; gritava muito, até que os guardas atacavam minha cela e me brutalizavam por eu ter gritado.

O CURSO DO TRATAMENTO

Ao deixar a prisão, Jamal foi diagnosticado como um caso de esquizofrenia. Depois de usar antipsicóticos típicos por seis meses, ele relatou uma melhora parcial e ausência de alucinações. No entanto, não houve mudança significativa em seu humor. Três semanas após garantir que estava se sentindo melhor, parou de tomar os medicamentos. Então começou a se mostrar hostil com a família e com os vizinhos que estavam "informando sobre ele". Doses terapêuticas de antipsicótico e o antidepressivo foram reintroduzidas, em combinação com psicoterapia de apoio para tratar sintomas residuais de ansiedade, depressão, pesadelos e afeto restrito, e para ajudar Jamal a recuperar sua identidade e integrar memórias dolorosas.

PSICOPATOLOGIA RELACIONADA À TORTURA

A história relatada acima é um caso tardio de início de uma psicose afetiva, com pensamento paranoide e sintomas de depressão mais intensa. Essa é uma condição que encontro com frequência em ex-prisioneiros políticos submetidos a tortura física e psicológica. Kaplan e Sadock afirmam que "a tortura se distingue de outros tipos de trauma, porque é infligida por humanos, sendo intencional".[*] Os estudos de Kaplan e Sadock revelam uma prevalência de 36% de transtorno de estresse pós-traumático em sobreviventes de tortura, bem como taxas altas de depressão e ansiedade. Outras queixas psicológicas comuns são somatização, sintomas obsessivos-compulsivos, hostilidade, fobia, ideação paranoide e episódios psicóticos.

A tortura tem como objetivo aumentar a sugestionabilidade dos torturados, visando prejudicar seu julgamento, sua capacidade de apresentar argumentos lógicos contra seus interrogadores e confundir o que eles acreditam e negam. Em seu livro *A Question of Torture: CIA Interrogation, from the Cold War to the War on Terror*,[**] McCoy relata uma pes-

---

[*] Kaplan & Sadock. *Synopsis of Psychiatry: Behavioral Sciences/Clinical Psychiatry*. Philadelphia: Lippincott Williams & Wilkins, 2003.
[**] Alfred W. McCoy. *A Question of Torture: CIA Interrogation, from the Cold War to the War on Terror*. Nova York: Metropolitan Books, 2006.

quisa patrocinada pela CIA e realizada na McGill University pelo dr. Donald Hebb. Nesse estudo, 22 estudantes universitários foram colocados em pequenos cubículos à prova de som, usando óculos translúcidos, luvas grossas e um travesseiro em forma de U ao redor da cabeça. A maioria abandonou o estudo em dois dias, e todos sofreram alucinações e "uma deterioração da capacidade de pensar de forma sistemática; os estudantes estavam tão sedentos por estímulos, que desejavam interagir até mesmo com seu interrogador", conta McCoy. Embora a tortura institucional tenda a ser sutil e fácil de ocultar, ela é usada para violar necessidades psicológicas e causar danos profundos às estruturas psicológicas, abalando os alicerces das funções mentais normais.

A tortura pode penetrar e destruir a crença do sujeito em sua autonomia como ser humano; pode destruir sua interioridade, privacidade e intimidade. Em seu artigo "Ethics of the Unspeakable: Torture survivors in psychoanalytic treatment",* Beatrice Patsalides descreve como, por meio da tortura, a lacuna entre o "eu" e o "mim" se aprofunda, e a camada entre o "eu" e o "você" se perde.

A tortura se utiliza deliberadamente de estressores extremos, entre eles a dor física severa, que induz à dor psicológica, e o medo paralisante da dor ou da morte, desorientação que se instala devido a uma antecipação não satisfeita, violação de normas sociais ou sexuais enraizadas e confinamento solitário prolongado. Técnicas como capuz para desorientação sensorial, nudez forçada, banhos frios, venda nos olhos, intimidação com cães militares, retenção de comida e água, e agressão com urina ou fezes são relatadas com frequência. Às

---

* Beatrice Patsalides, "Ethics of the unspeakable: Torture survivors in psychoanalytic treatment", *The Journal of the Northern California Society for Psychoanalytic Psychology*, v. 5, n. 1, 1999.

vezes esse tratamento degradante é substituído por uma bondade artificial, por um falso favoritismo e uma atenção especial, a fim de iludir o torturado, levando-o aos poucos a adquirir uma personalidade e uma estrutura de crenças alteradas, desarticuladas ou desacreditadas. Quando as necessidades fisiológicas de uma pessoa torturada são controladas pelo torturador e só podem ser expressas de forma autodegradante e desumanizante; quando sentimentos como vergonha, inutilidade e dependência são provocados por um agente estranho, com abuso de poder de forma cruel, o torturado pode ser levado a uma regressão psicológica, na qual sua vontade de resistir se apoia em uma força superior externa.

Ao avaliar as vítimas de tortura e de outros abusos das guerras dos Bálcãs, Basoglu mostrou que a tortura psicológica era tão nefasta quanto a tortura física e levava a taxas igualmente altas de depressão e transtorno de estresse pós-traumático (TEPT). O que mais importava era o grau em que a vítima percebia sua perda de controle. A perda de controle sobre a própria vida e sobre o próprio corpo, provocada pela tortura, é frequentemente exacerbado pela descrença que muitos torturados sentem quando tentam expressar o que passaram — principalmente se não possuem cicatrizes ou outra prova concreta de sua experiência da dor. A tortura também pode alterar o modo como o indivíduo se relaciona com a realidade e o sentido de si mesmo. Muito tempo depois de cessada a atividade real, algumas vítimas de tortura ainda se sentem alienadas, incapazes de se comunicar, de se relacionar, de se aproximar dos outros ou de ter empatia. Sua confiança básica está destruída; suas relações mais próximas e sua rede de apoio construídas ao longo da vida são interrompidas.

Como vimos, uma variedade de disfunções tem sido atribuída à tortura: TEPT, psicose, depressão e ansiedade, entre elas. Na minha prática, observo que a psicopatologia desencadeada pela tortura pode variar em um espectro mais amplo, desde sintomas mais sutis, como embotamento emocional, retraimento social, microepisódios psicóticos, disfunção sexual e lembranças dos eventos traumáticos, que irrompem em forma de pesadelos, flashbacks ou associações angustiantes, até sintomas mais graves, como distúrbios de memória, alucinações, incapacidade de manter relacionamentos de longo prazo ou intimidade, e mudanças persistentes na percepção e no afeto.

Espero que as minhas observações possam ser precursoras de um estudo-piloto que avalie a prevalência da psicopatologia em ex-prisioneiros palestinos, em comparação a uma população não carcerária e a populações de ex-prisioneiros em outros contextos de conflito.

Sobre prisioneiros políticos*

Abril de 2023

Quando detidos, os prisioneiros palestinos são submetidos a uma rotina de maus-tratos físicos e/ou mentais, que se enquadram nos critérios estabelecidos pela ONU para a classificação de tortura, embora a definição precisa e a prevalência da tortura estejam sujeitas a um debate politizado. Sem dúvida, a tortura representa uma grande ameaça à saúde pública dos palestinos.

Na minha clínica, muitas vezes atendo pessoas que me procuram por estarem sofrendo consequências psicológicas da tortura, uma experiência constante na detenção política. Com mais frequência, as pessoas me procuram por alguma queixa psicológica e nem sequer mencionam que houve prisão política; há uma sensação incomum de normalidade nessa experiência dolorosa. A revelação do encarceramento não é trazida de maneira espontânea; ela acontece por meio do

---

* Texto extraído de uma entrevista concedida à *PAL SOL* (n. 84), uma publicação da Association France Palestine Solidarité. Título original: "Résistance et résilience".

acolhimento psiquiátrico, pois sempre pergunto sobre experiências traumáticas, entre as quais está o encarceramento político. Também recebo inúmeros filhos, ou esposas, que sofrem muito com a prisão política de seus familiares. Cheguei a atender um menino que nasceu com a utilização de esperma contrabandeado da prisão; ele não tem documento de identidade e nunca se encontrou com o pai, que cumpre pena de prisão perpétua num presídio israelense a quarenta quilômetros de onde a família mora. Também tenho prestado apoio psicológico aos beneficiários da organização Addamir, especialmente às mulheres de presidiários, oferecendo-lhes sessões de grupo e individuais. Mesmo depois de Israel ter fechado a Addamir, e outras seis organizações de direitos humanos, continuei prestando apoio psicológico online aos beneficiários. Também tenho familiares e amigos que vivenciaram a prisão política e com os quais é mais difícil conversar sobre essa experiência, pois não uso meu escudo protetor de profissional da saúde.

Muitas vezes as pessoas são detidas no meio da noite com extrema violência. Os soldados invadem a casa, aterrorizando a família e os moradores do bairro, produzindo danos desnecessários às propriedades. Soube da história de um pai que foi morto por tentar impedir que os soldados continuassem a espancar seu filho e o levassem preso; e de uma mãe que foi presa ao tentar proteger seu filho caçula. Em agosto de 2022, Muhammad Al-Chahham, de 21 anos, foi assassinado com um tiro na cabeça depois que soldados explodiram a porta de sua casa e entraram.

Vendar os olhos dos detidos é uma prática comum, mesmo com menores de idade. Não se trata de uma questão de segurança quando mais de dez soldados armados escoltam um adolescente desarmado e algemado. A questão é psicológica: desorientar e controlar o detido, acabar com sua autonomia e torná-lo dependente dos soldados. Creio que alguns soldados também querem se proteger psicologicamente do olhar da vítima. Quando transferido para a prisão, o detido com frequência é submetido a violências físicas, ameaças e humilhações. Durante o interrogatório, métodos de tortura psicológica, além da tortura física, costumam ser usados para minar as defesas do indivíduo.

A tortura relatada pelos palestinos envolve espancamentos físicos e negação da satisfação de suas necessidades físicas básicas. No entanto, como consequência da evolução global das técnicas de tortura (sobretudo as contribuições feitas pela Agência Central de Inteligência dos Estados Unidos), as forças israelenses somaram às suas práticas que infligem dor as técnicas de "tortura sem toque". Uma delas consiste em suspender a vítima no ar, acorrentada pelas mãos, ou então colocá-la deitada de costas no assento de uma cadeira, com os membros presos às quatro pernas da cadeira. Portanto muitas técnicas utilizadas para infligir danos corporais e sofrimento físico e mental são falsamente denominadas de tortura psicológica. O torturador não agride diretamente a vítima, mas se encarrega de fazer com que a força da gravidade e a própria fisiologia da pessoa torturada causem lesões físicas e agonia, decorrentes das "posições de estresse" e da experiência de se sentir muito próxima da morte.

Alguns palestinos detidos morreram durante os interrogatórios. Li relatos dolorosos de mulheres como Tahani Abu Dukka e Aycha Al-Kurd no livro *Making Women Talk*,[*] que, por sofrerem negligência médica, foram obrigadas a abortar

---

[*] Theresa Thornhill. *Making Women Talk: Interrogation of Palestinian Women Detainees by the Israeli General Security Services*. Londres: Lawyers for Palestinian Human Rights, 1992.

durante sua detenção administrativa. O livro também descreve técnicas de tortura específicas aplicadas às mulheres prisioneiras. Todo o processo de detenção e interrogatório foi concebido para desintegrar mentalmente os ativistas, intimidar a comunidade palestina e estimular a culpa e a paranoia. As torturas costumam ser repetidas diariamente por meses e anos, e nos recorrentes episódios de detenção. É óbvio que as consequências bem conhecidas da tortura no longo prazo e, às vezes, por toda a vida — síndromes psiquiátricas, que incluem o TEPT e outros estados dissociados, sintomas psicóticos, paranoia, depressão, ansiedade e deterioração do funcionamento cognitivo, psicológico e social —, tendem a minar a capacidade de recordar e narrar acontecimentos. A combinação resultante de défice de memória e defesas psicológicas interfere na memória do sobrevivente, na sua tolerância em reativar lembranças de tortura descrevendo-as a outras pessoas e na esperança de reparação judicial. A experiência da tortura resulta, portanto, tipicamente, em danos profundos nas mesmas funções do ego das quais depende a transmissão de uma história narrativa pessoal coerente: confiança nos outros, otimismo em relação ao futuro, recordação precisa dos acontecimentos, sentido de valor pessoal e integração ordenada das experiências passadas. Foram essas as conclusões de médicos e profissionais envolvidos na documentação, no tratamento e na reabilitação de vítimas de tortura na Palestina e no mundo.

Conheci alguns prisioneiros que se transformaram em pessoas desconfiadas e isoladas de todos após sua experiência. Alguns pais de menores, em Jerusalém, viveram uma confusão de papéis quando tiveram de ser guardiões da prisão domiciliar de seus filhos. Algumas esposas angustiadas com a detenção do marido, ficaram, depois de uma década, apreensivas com a notícia da libertação, por acreditar que outro homem estava prestes a voltar para casa. Conheci pais que saíram da prisão depois de muitos anos, sem encontrar seu antigo lugar na família. Há uma imensa desestruturação do indivíduo e de sua família por trás da aparente glorificação da experiência do reencontro.

As prisões em massa são também um castigo coletivo, uma forma de Israel destruir mentes, relacionamentos e o tecido social. Além de pretender punir indivíduos e intimidar a comunidade, a prisão e a tortura são rotineiramente aplicadas em interrogatórios cuja finalidade é obter uma confissão e/ou informações sobre planos reais ou alegados e a identidade de pessoas suspeitas de "envolvimento". A relação entre o inquisidor e sua vítima costuma ser altamente elaborada e construída sobretudo para minar o funcionamento psicológico maduro normal da vítima, por meio da exploração de vulnerabilidades individuais. O inquisidor funciona como único canal entre a vítima e a realidade, conduzindo a pessoa torturada a um estado de desamparo regressivo e de dependência total. Responsabilizar a vítima por seu sofrimento é um aspecto-padrão dessa abordagem. A combinação de delírio e terror induz a distorções no teste de realidade da vítima e na sua compreensão da vida. Tais abordagens encorajam uma identificação patológica com o inquisidor e seus objetivos, processo historicamente chamado de lavagem cerebral. A relação entre o inquisidor e a vítima de tortura pode, portanto, se mostrar intensamente pessoal e adquirir o caráter complexo de outras relações íntimas abusivas, caracterizadas pela mentira, pela sedução sádica, pela manipulação e pela perversão.

Não se pode ignorar as consequências individuais e coletivas do encarceramento. A lei militar israelense foi concebida para dar uma falsa impressão da legalidade da ocupação e para incriminar qualquer atitude palestina de resistência e desafio. O custo é enorme para alguns indivíduos e para as famílias; e quanto mais jovem for o prisioneiro, mais prejudiciais serão os efeitos para ele e para a sociedade. A vitória incomum dos poucos prisioneiros que conquistaram a liberdade após uma greve de fome, assim como a notável fuga, em 2021, de seis prisioneiros palestinos de uma prisão de alta segurança, através de um túnel, destroem a ilusão da onipotência israelense e provam que os prisioneiros palestinos mantêm acesa a centelha do movimento de libertação do povo palestino.

Resistência e resiliência

A resistência palestina: direito legítimo e dever moral*

Novembro de 2003

As atrocidades avassaladoras e incessantes do governo de Israel afetam a capacidade de reflexão dos palestinos sobre o aspecto moral de nossa resistência. Na maioria das vezes, nossas reações aos acontecimentos são imediatas, instintivas e emocionais. Os poucos que ainda conseguem considerar os aspectos moral, político e estratégico de nossa luta podem se ver paralisados pelas contradições, pela falta de escolha e pelos danos causados pela guerra tanto à razão quanto à consciência.

Como a resistência palestina pode ser avaliada de forma justa, com a devida consideração de toda a história do conflito israelo-palestino? A ocupação da Palestina baseia-se em uma ideologia do século XIX que negou a existência do povo palestino e seguiu uma política colonial que persiste na reivindicação divina de uma "terra sem povo". Em resposta a essa agressão "teocolonial", a resistência palestina adotou a estra-

---

* Texto extraído de um artigo publicado no *Miftah*.

tégia de uma guerra popular prolongada para conseguir ser reconhecida como uma nação expropriada, e não inexistente. Até hoje, os palestinos não têm um Estado nem Forças Armadas. Nossos ocupantes nos submetem a toques de recolher, expulsões, demolições de casas, tortura legalizada e uma variedade de violações dos direitos humanos. Não é possível fazer uma comparação justificável entre o nível de responsabilidade oficial a que os palestinos são submetidos pelas ações de alguns indivíduos e a responsabilidade pela violência sistemática e intensa contra a população palestina, praticada impunemente pelo Estado de Israel. A mídia americana chama nossa busca por liberdade de "terrorismo", colocando o palestino no papel de protótipo internacional do terrorista. Isso moldou a consciência pública ocidental e resultou em um viés internacional que costuma descrever casos de violência contra civis palestinos em uma linguagem indiferente, reduzindo as perdas palestinas a meras estatísticas sem rosto, enquanto se utiliza de uma linguagem emocional e de recursos visuais para descrever as perdas israelenses.

Essa distorção da resistência palestina obscureceu qualquer possibilidade de diálogo razoável. Muitos de nossos esforços para desafiar as regras arbitrárias do ocupante são automaticamente tratados como "terrorismo" e sempre se espera que nos desculpemos e condenemos a resistência palestina — apesar da falta de acordo sobre a definição do que seja terrorismo e apesar do fato de que o direito à autodeterminação por meio da luta armada seja permitido pelo artigo 51 da Carta das Nações Unidas, referente à autodefesa.

Por que a palavra "terrorismo" é tão prontamente aplicada a indivíduos ou grupos que usam bombas caseiras, mas não a Estados que se utilizam de armas nucleares e de outras armas proibidas internacionalmente para garantir a submissão ao opressor? Israel, Estados Unidos e Grã-Bretanha deveriam encabeçar a lista de Estados exportadores de terrorismo por utilizarem ataques armados contra não combatentes na Palestina, no Iraque, no Sudão e em outras partes do mundo. Mas "terrorismo" é um termo político usado pelo colonizador para desacreditar aqueles que resistem — assim como os africâneres e os nazistas chamavam os combatentes da liberdade de negros e de franceses, respectivamente.

Aqueles que se opõem à resistência palestina também tendem a usar o termo *jihad* como sinônimo de terrorismo. Ao fazerem isso, eles reduzem o significado de *jihad* à ideia de morte. *Jihad* é um conceito rico, que inclui a luta contra o nosso eu inferior, o esforço para praticar boas ações, a oposição ativa à injustiça e a paciência em tempos difíceis. Não se trata de violência contra as criaturas de Deus ou de não temer a morte ao defender os direitos delas. A violência pode, no entanto, ser um meio de defesa racional do ser humano. Quando uma mulher reage violentamente ao se ver ameaçada de estupro, isso é uma forma de *jihad*.

Além disso, a *jihad* é um valor islâmico, e nem todos os combatentes palestinos são muçulmanos. O motivo pelo qual jovens palestinos se explodem é um segredo que eles levam para o túmulo. Talvez seja um fruto estranho da vingança que cresce no solo fértil da opressão e da ocupação, ou um protesto profundo contra a crueldade impiedosa; ou uma tentativa desesperada de alcançar a igualdade com os israelenses na morte, já que isso é impossível para eles em vida. Aqueles que vivem sob condições desumanas durante toda a vida são, infelizmente, capazes de atos desumanos. O que resta aos milhares de desabrigados em Rafah senão sua resistência? Não é o Islã; é a natureza humana, compartilhada por homens e mulheres palestinos religiosos, seculares e agnósticos. Certamente nossas mulheres-bomba não morrem na expectativa de que setenta virgens as aguardam no Paraíso.

Outro fator que influencia a resistência palestina é o histórico sombrio das negociações de paz e a falta de apoio internacional. As negociações com Israel não nos deram nada além de promessas de autonomia, ao mesmo tempo que impuseram a vontade dos poderosos e estabeleceram ilegalidades como base para um acordo duradouro. A ausência mais gritante nesse processo de paz foi a de um mediador honesto. As Nações Unidas não foram capazes de tomar medidas para garantir a implementação dos direitos palestinos. O mundo não ofereceu um único remédio para as inúmeras feridas que os palestinos adquiriram; Washington usou repetidamente seu veto no Conselho de Segurança para impedir que houvesse um amplo consenso exigindo a presença de um monitoramento internacional na Cisjordânia e em Gaza. A negação implacável dos direitos palestinos sem uma resposta internacional efetiva, verbal ou real, nos deixou extremamente conscientes de que a autodefesa é nossa única esperança.

A lei internacional concede a um povo que luta contra uma ocupação ilegal o direito de usar "todos os meios necessários disponíveis" para pôr fim à ocupação, e os ocupados "têm o direito de buscar e receber apoio" (cito aqui várias resoluções das Nações Unidas). A resistência armada foi usada na revolução americana, na resistência afegã contra a Rússia (que os Estados Unidos apoiaram), na resistência francesa contra os nazistas e até mesmo nos campos de concentração nazistas ou, mais notoriamente, no gueto de Varsóvia.

Em todos os casos, entretanto, são os indivíduos que escolhem a forma de resistência, e as escolhas feitas não devem caracterizar toda a nação. Além disso, como vimos, tanto a resistência pacífica quanto a violenta são enfrentadas com uma deliberada violência estatal e sancionada pelo governo israelense. A morte da ativista pela paz, a americana Rachel Corrie, é uma prova suficiente dessa violência.

"Onde está o Gandhi palestino?", perguntam-se algumas pessoas. Nossos Gandhis estão na prisão, no exílio ou em túmulos. Também não temos uma população de centenas de milhões de pessoas. Somos 3,3 milhões de indivíduos desarmados e indefesos enfrentando 6 milhões de israelenses, praticamente todos eles soldados ou reservistas. Os israelenses estão praticando uma limpeza étnica para garantir a terra somente para os judeus.

É irônico que poucos dos que aconselham os palestinos a imitar Gandhi questionem o sionismo, a principal causa da ocupação israelense. Em 1938, o próprio Gandhi questionou a premissa do sionismo político. Gandhi rejeitou claramente a ideia de um estado judaico na Terra Prometida, destacando que a "Palestina da concepção bíblica não é um território geográfico".

A resistência violenta decorre de uma ocupação militar desumana, que aplica punições arbitrárias e sem julgamento, nega a possibilidade de subsistência e destrói sistematicamente as perspectivas de um futuro para os palestinos. O povo palestino não foi para a terra natal de outro povo para matar ou desapropriar. Nossa ambição não é explodir a nós mesmos para aterrorizar os outros. Estamos pedindo o que todos os povos têm por direito: uma vida decente na terra em que nascemos.

O que é mais preocupante nas críticas feitas à nossa resistência é que elas pouco se importam com nosso sofrimento, nossa expulsão e com a violação de nossos direitos mais básicos. Quando somos assassinados, esses críticos não se comovem. Nossa luta pacífica e cotidiana para viver uma vida decente não os impressiona. Quando alguns de nós sucumbem à retaliação e à vingança, a indignação e a condenação são direcionadas a todos nós. A segurança israelense é considerada mais importante do que o nosso direito a uma vida digna; as crianças israelenses são vistas como mais humanas do que as nossas; a dor israelense é mais inaceitável do que a nossa. Quando nos rebelamos contra as condições desumanas que nos são impostas, nossos críticos nos consideram terroristas, inimigos da vida humana e da civilização.

O direito internacional e o precedente histórico de muitas nações garantem a um povo que sofre opressão colonial o direito de pegar em armas na luta pela liberdade. Por que deveria ser diferente no caso dos palestinos? O ponto crucial do direito internacional não é o fato de ele ser universal? Os americanos reivindicam a vida, a liberdade e a busca da felicidade como seus direitos humanos mais fundamentais. É apropriado que o direito à vida seja mencionado em primeiro lugar. Afinal de contas, sem o direito de permanecer vivo, de estar a salvo de ataques, de se defender deles, outros direitos perdem o sentido. Fundamental para o direito à vida é o exercício do direito à autodefesa.

Nós, palestinos, continuamos a enfrentar uma ocupação brutal de peito aberto e mãos vazias. Acredito no diálogo entre israelenses e palestinos, mas as negociações nunca devem ser a única opção; elas devem andar de mãos dadas com a resistência à ocupação. Enquanto os israelenses "conversam" conosco, constroem assentamentos e um muro que restringirá e violará ainda mais nossos direitos. Por que deveríamos abandonar nosso direito de resistir e continuar vivendo no reino desse absurdo mortífero?

Viver sob opressão e se submeter à injustiça é incompatível com a saúde psicológica. A resistência não só é um direito e um dever, como também um remédio para os oprimidos.

Mesmo que não seja uma opção estratégica e pragmática, devemos resistir como uma expressão — e persistência — de nossa dignidade humana. A resistência violenta deve ser sempre em defesa e um último recurso. No entanto, é importante distinguir entre alvos permissíveis (militares) e inadmissíveis (civis) e estabelecer limites para o uso de armas. O opressor também não deve estar isento desses mesmos princípios.

Sumud palestino*

Julho de 2015

As eleições palestinas de 2006 desagradaram as potências ocidentais. Na sequência do boicote econômico à Palestina — que aconteceu depois dessas eleições —, nosso presidente nos disse que "se tivermos que escolher entre pão e democracia, escolheremos pão". No entanto, o padeiro Khader Adnan pensa e se comporta de outra forma, exemplificando o princípio de que "nem só de pão viverá o ser humano". Adnan passou por duas longas e perigosas greves de fome em detenção administrativa israelense desde 2013. A primeira foi desencadeada por tortura e maus-tratos humilhantes; os interrogadores fizeram insinuações sexuais sobre sua esposa, zombaram de sua fé e de seu físico, arrancaram sua barba e esfregaram a sujeira do sapato deles em seu bigode. Adnan resistiu a duas greves de fome, o que levou à sua libertação da prisão e chamou a atenção do mundo para a situação dos prisioneiros políticos palestinos em detenção administrativa, ou

---

* Texto extraído de um artigo publicado no *Middle East Monitor*.

seja, encarcerados sem acusação ou julgamento por períodos de seis meses, que podem ser renovados indefinidamente.

Apesar do cerco e da negligência que sofre, a Faixa de Gaza continua sendo um centro de inovação. Recentemente, a farinha sem glúten para pacientes que sofrem de doença celíaca — item indisponível em Gaza devido ao cerco — foi desenvolvida e disponibilizada por dois pesquisadores da Universidade Al Israa. Jovens construíram máquinas para ajudar pessoas paralisadas, bem como projetaram motores e ferramentas para a detecção de minas terrestres. Os muitos anos de cerco e os níveis crescentes de violência contra a população durante as três últimas guerras não conseguiram abalar a força de vontade das pessoas de lá. Hoje, um ano depois da destrutiva guerra de 51 dias, que deixou mais de 100 mil pessoas desabrigadas, Gaza ainda espera pacientemente pela reconstrução. Mas espera com firmeza.

Viver bem em Jerusalém é um desafio, pois a ocupação não apenas nos nega a cidadania, nos atribui um status frágil de residentes temporários e impõe regulamentações que ameaçam nossa residência, casa e renda, como também impõe multas e impostos que têm o objetivo de nos expulsar de nossa cidade natal. No entanto, durante o mês do Ramadã e o feriado do Eid, quando Jerusalém recebeu a visita de muitos palestinos, os da Cisjordânia e os que possuem cidadania israelense, pudemos desfrutar de momentos de alegria e celebração que realçam a essência palestina dessa cidade sequestrada. As mídias sociais estavam repletas de selfies de pessoas que conseguiram chegar a Jerusalém, algumas através de túneis escondidos e subindo escadas sobre o muro de separação. As pessoas posaram com faixas com o nome de amigos e familiares que não tiveram acesso à cidade. Essas imagens transcendem a superficialidade da moda de selfies, simbolizando nosso senso de enraizamento e pertencimento. Embora os habitantes de Jerusalém não sejam cidadãos de lugar nenhum, poucos de nós trocariam nossa cidade natal por outro lugar no mundo.

SOBRE O SIGNIFICADO DE SUMUD

Apesar da dificuldade de obter uma definição precisa e abrangente desse termo, há inúmeros exemplos de sumud em atitudes individuais e coletivas, tanto em situações extremas quanto cotidianas. Embora termos como "resiliência" e "desenvolvimento de comportamentos adaptativos frente às adversidades" sejam atualmente populares na psicologia positiva, os palestinos têm usado a palavra sumud desde a época em que desafiavam o mandato britânico. O termo assumiu significados variados em diferentes estágios da luta palestina e em resposta a eventos complexos: deslocamento massivo e forçado, vida sob ocupação, vida como palestino com cidadania israelense, prisão e exílio. Enquanto a resiliência é um conceito orientado para um estado de espírito, sumud expressa tanto um estado de espírito quanto uma orientação para a ação.

Portanto sumud não significa apenas a capacidade de sobreviver ou a habilidade de se restabelecer para lidar com o estresse e a adversidade. Sumud é a realização dessas coisas, além da disposição de manter um desafio inabalável à subjugação e à ocupação. Sumud não é uma característica inata ou a consequência de um único evento na vida, mas um sistema de habilidades e hábitos que são aprendidos e podem ser desenvolvidos. Sumud cria as bases de um estilo de vida de resistência, agarrando-se à terra como uma oliveira profundamente enraizada, preservando a própria identidade, buscando autonomia e liberdade de ação, e preservando a narrativa palestina e sua cultura diante da destruição.

Trata-se da autossuficiência dos fazendeiros que subsistem com sua própria produção limitada e se abstêm de consumir produtos israelenses; reflete-se no trabalho dos operários da construção civil que rejeitam a tentação de construir assentamentos israelenses e aceitam a renda reduzida da construção para os palestinos; está na capacidade geradora dos pais, cujo compromisso se inicia com o nascimento da criança e continua com os cuidados e a educação dela, para que seja um palestino decente diante da ameaça de aniquilação da nação palestina. Quando a ocupação arranca nossas oliveiras, plantamos muitas outras; quando destrói nossas casas, construímos casas novas; quando fecha nossas escolas, criamos escolas improvisadas; quando obscurece nossa história, nos empenhamos em testemunhar, lembrar e documentar. Quando nos fragmenta com documentos de identidade estratificados em cores, placas de carro diferenciadas e partidos políticos conflitantes, agimos para criar laços de solidariedade por meio de ações coletivas que mantêm a coesão da comunidade.

Sumud não aceita o status quo, não tolera a corrupção e não gosta de esmola. A escolha por sumud não é fácil nem indolor e não significa ausência de emoções negativas diante da perda. Sumud significa manter o otimismo, a solidariedade moral e social enquanto se lida com realidades sombrias e estruturas opressivas.

A resistência à ocupação israelense é um elemento essencial na recuperação da mente ocupada*

Maio de 2021

Israel impôs a ocupação militar, o colonialismo por assentamentos e um regime de apartheid a uma infinidade de comunidades palestinas fragmentadas, criando, promovendo e contribuindo para graves problemas de saúde mental e de saúde em geral. São problemas causados diretamente por sofrimento físico e psicológico, violência e ataques aos profissionais da saúde; e, indiretamente, pela diminuição do crescimento econômico, interrupção do funcionamento social e pelo impedimento dos esforços de desenvolvimento ou de melhoria da prestação de serviços de saúde.

De todos os países que fazem fronteira com o Mediterrâneo oriental, o que apresenta o maior índice de morbidade devido a doenças mentais é a Palestina. A doença mental na Palestina representa um dos desafios de saúde pública mais significativos, pois ocorre no contexto de ocupação crônica e de exposição à violência. De acordo com a pesquisa Visão

---

* Texto extraído de um artigo publicado no *Middle East Monitor*.

Geral das Necessidades Humanitárias, de 2020, estima-se que meio milhão de adultos e crianças sofram de transtornos psicossociais e mentais leves, moderados e graves na Palestina ocupada. Não há dúvida de que a ocupação israelense é prejudicial à mente palestina.

Entretanto, esse levantamento não vai além dos danos observados em nível individual, deixando de contemplar os danos coletivos, que afetam nossos relacionamentos dentro da sociedade e com os outros.

A ocupação não só ataca o corpo e a mente do indivíduo, como também ataca o tecido social, as normas, as representações simbólicas e a identidade coletiva da sociedade palestina.

Entre as consequências coletivas da ocupação pode-se citar a opressão generalizada, a desconfiança predominante na comunidade e a baixa autoconfiança e autoestima coletivas. Outros efeitos são a perda da subjetividade, a auto-objetificação, a perda do senso de autonomia da comunidade, a aceitação da inoperância e do status de vítima passiva, bem como uma realização e um funcionamento coletivos debilitados.

A resistência palestina, expressa de várias formas — desde a escrita de slogans nas paredes até o lançamento de foguetes —, geralmente é promovida por indivíduos que agem em nome do grupo. Não podemos ignorar o impacto dessa resistência em nível coletivo, uma vez que ela tem o potencial de reparar a erosão emocional da comunidade causada pela opressão. A resistência pode retirar as pessoas da impotência aprendida e condicionada e levá-las a ter esperança.

A resistência palestina não decorre nem do racismo, nem do chauvinismo, nem de interesses políticos e econômicos, mas de fatores psicológicos profundos: da necessidade de coerência cognitiva e de uma postura ativa na rejeição da opressão por meio da luta por justiça e de uma empatia genuína com os oprimidos. Essa resistência representa valores morais, simbólicos e espirituais de importância crucial para aqueles privados de direitos materiais e tangíveis.

A função da resistência é humanizadora, agindo contra a dinâmica da objetificação individual e coletiva. Os palestinos a percebem como um direito humano legítimo e um dever moral. Pode-se pensar sobre as formas de resistência que devem ser adotadas e em que momentos elas devem ser implementadas, mas essa discussão tem que ser um debate interno palestino, e não uma decisão de terceiros, especialmente daqueles que nunca nos apoiaram nem defenderam nossos direitos.

As pessoas frequentemente perguntam: "A resistência palestina não seria um tiro pela culatra, trazendo mais danos aos palestinos?". No momento em que escrevo, a agressão israelense contra os palestinos em Gaza está matando e ferindo milhares de pessoas de todas as idades e destruindo casas e toda a infraestrutura; no momento em que escrevo, três de meus colegas de profissão acabam de ser mortos com seus filhos, enterrados sob os escombros em Gaza; no momento em que escrevo, colonos israelenses armados circulam no bairro onde minha família mora, disparando tiros para todo lado.

Entendo, no entanto, que a resistência dos oprimidos não se enquadra no cálculo habitual de riscos e benefícios que caracteriza a lógica comercial ou econômica. Ela não pode ser julgada apenas por seus resultados finais. A jornada da resistência é dignificante por si só, mesmo na ausência da conquista dos objetivos desejados. Trata-se de resistência por uma vida decente, não pela morte. Há pouco tempo, quando manifestantes palestinos e colonos israelenses se manifestavam e se enfrentavam nas ruas de Jerusalém, os palestinos cantavam "Liberdade, libertação", enquanto os israelenses cantavam "Morte aos árabes, queimem suas aldeias". Acima de tudo, a motivação de resistir à opressão mantém uma ideia positiva de um futuro imaginado e, portanto, renova a esperança de libertação.

Além disso, se a resistência palestina é o remédio para o trauma coletivo do povo da Palestina, a solidariedade internacional é reabilitadora e terapêutica tanto para os palestinos quanto para aqueles que os apoiam. A solidariedade valida a humanidade dos palestinos e reconhece seus sentimentos e sua subjetividade; alimenta sua aspiração de serem agentes e atores de mudança. Ela também tem o potencial de gerar ativismo mútuo e global em prol da justiça.

É uma pena que alguns governos supostamente democráticos, como o da França, estejam impedindo a realização de manifestações em solidariedade à Palestina, prendendo os organizadores e impondo multas aos participantes. Apesar disso, a atual resistência palestina é a fonte da luta contra os poderes opressores. Ela florescerá dentro e fora da Palestina ocupada.

Da Palestina aos EUA, devemos defender o direito das pessoas de respirar*

Junho de 2020

Em *Pele negra, máscaras brancas*, Frantz Fanon explica a revolta na Indochina: "Não foi por ter descoberto uma cultura própria que o indochinês se revoltou. Foi 'simplesmente' porque, sob vários aspectos, respirar tornara-se impossível para ele".**

Em seu filme de 2017, *Derrière les fronts: résistances et résiliences en Palestine*, a diretora francesa Alexandra Dols também usa a metáfora da falta de ar para transmitir a experiência palestina sob ocupação. Na abertura do filme, apareço em uma conversa com um psicanalista israelense, que me desafia a ter empatia com as necessidades dos israelenses. Eu respondo: "Vivemos uma realidade em que quanto mais os israelenses respiram, mais os palestinos sufocam".

Durante todo o filme, ouvimos os palestinos ofegando: em interrogatórios nas prisões, no posto de controle de Qalandiya e sob bombardeio em Gaza.

---

* Texto extraído de um artigo publicado no *Middle East Eye*.
** Frantz Fanon. *Pele negra, máscaras brancas*. São Paulo: Ubu, 2020.

Não é de admirar que os gritos de George Floyd de "I can't breathe" (Não consigo respirar) tenham provocado tanta comoção na Palestina. Ele proferiu essas palavras enquanto sufocava sob o joelho de um policial e em meio ao olhar de aprovação de outros policiais. Essa mesma técnica de sufocamento é comumente usada contra os palestinos.

De fato, Israel desenvolveu uma próspera indústria de treinamento da polícia internacional, utilizando essas técnicas fatais. A identificação solidária dos palestinos com a falta de ar de Floyd não se deve apenas à asfixia de um homem negro por um policial branco; ela também ressoa com a "técnica da tortura sem toque" israelense, na qual as pessoas são suspensas em posições em que o próprio peso do corpo inflige dor e danos, culminando em morte muitas vezes.

RACISMO INSTITUCIONAL

Tanto nos Estados Unidos quanto na Palestina, atos como esses não se restringem a um policial rápido no gatilho ou a uma vítima específica. São resultados generalizados da dinâmica de grupo e do racismo institucional, que permitem um padrão contínuo de assassinatos com base em etnia, cor ou na adesão a um grupo.

Um exemplo disso é o recente assassinato em Jerusalém de Iyad Al-Halak, um palestino diagnosticado com autismo. Ele foi baleado e deixado no chão para sangrar até a morte, apesar dos esforços de seu cuidador para explicar à polícia israelense que ele era neurodivergente e de seus gritos de "Estou com ele!".

Cerca de duas semanas antes, outro paciente psiquiátrico, Mustafa Yunis, foi morto no hospital onde buscava tratamento. Após um violento confronto com os seguranças, Yunis foi desarmado e deitado no chão; em seguida, foi alvejado com várias balas na frente de sua mãe.

Podemos aprender duas coisas com esses assassinatos recentes. A primeira é que, assim como o assassinato de Floyd, os assassinatos de palestinos por motivos raciais são comuns, ainda que Israel se gabe de normalizar relações com países árabes.

Israel age de acordo com o lema "Árabe bom é árabe morto". Muitos palestinos foram baleados nas costas ou na parte superior do corpo, com uma história forjada para legitimar o assassinato. Houve alegações de facas plantadas e outras "evidências" para implicar jovens palestinos; e a ocultação de imagens capturadas por câmeras, que contradizem a narrativa oficial israelense.

A reação aos terríveis assassinatos de pessoas como Floyd, Yunis e Halak não deveria se restringir à reivindicação de justiça para as vítimas e suas famílias. Suas mortes deveriam alimentar uma luta mais ampla contra o racismo e contra a violência policial e política.

E a nossa resposta deveria apontar para uma solidariedade mais ampla, a fim de defender o direito de respirar para toda a humanidade.

Esculpindo a libertação: sobre Marco Cavallo e o Cavalo de Jenin[*]

Março de 2024

Nas histórias de resiliência e resistência, há muitos símbolos notáveis; para mim, dois desses símbolos são estátuas de cavalo: uma escultura chamada Marco Cavallo e outra conhecida como Al-Hissan, o Cavalo de Jenin. As duas histórias entrelaçam os fios da arte, do simbolismo e de uma intrincada mistura de fatores sociais e políticos que moldam a saúde mental. As histórias dessas duas estátuas oferecem insights profundos sobre a necessidade humana de expressão e sobre os desafios únicos enfrentados pelas pessoas que vivem sob opressão.

Imagine-se dentro das paredes do hospital psiquiátrico de San Giovanni, em Trieste, onde a escultura Marco Cavallo se ergue como um farol de esperança em meio à adversidade. Nascido em 1973 por meio dos esforços colaborativos de pacientes, artistas e funcionários, esse majestoso cavalo azul simboliza a jornada transformadora de desinstitucionalização que varreu os serviços psiquiátricos da Itália. A escultura

---

[*] Texto extraído de um artigo publicado no *Napoli Monitor*.

tem aproximadamente quatro metros de altura — uma decisão dos pacientes, que desejavam dimensões grandes o suficiente para conter idealmente todos os desejos e sonhos e trazer à tona um símbolo visível e representativo de pacientes que viviam isolados da sociedade.

Sob a orientação do visionário Franco Basaglia, diretor do hospital psiquiátrico, Marco Cavallo se tornou mais do que uma escultura; transformou-se em um testemunho do poder de cura da saúde mental por meio da arte e da comunidade. Nomeada em homenagem ao cavalo Marco, que desde 1959 era utilizado para transportar materiais do manicômio para o mundo externo, e vice-versa, essa escultura incorpora o desejo de liberdade e dignidade dentro dos limites do hospital psiquiátrico, marcando uma mudança profunda no sentido de reconectar o hospital com o mundo exterior.

Agora volte o olhar para as ruas devastadas de Jenin, onde a comunidade palestina testemunhou o nascimento de outro símbolo: o Cavalo de Jenin. Erguendo-se entre os escombros do conflito, essa escultura de cinco metros de altura, feita com restos metálicos de ambulâncias e escombros, tornou-se um farol de resiliência e desafio. Projetada pelo artista alemão Thomas Kilpper, em colaboração com as crianças de Jenin — que testemunharam os horrores do massacre de 2002 —, Al-Hissan incorporou a capacidade do espírito humano de superar a tragédia. No entanto, numa cruel reviravolta do destino, os militares israelenses atacaram esse cavalo simbólico, querendo apagar não só sua presença física, mas a memória da força e da identidade palestinas que essa obra de arte representava. Os soldados israelenses destruíram a estátua e removeram, com tratores, os escombros, levando-os para locais onde os palestinos de Jenin não podem mais acessá-los.

Os destinos contrastantes de Marco Cavallo e de Al-Hissan destacam as lutas travadas pelos palestinos em um cenário de perdas e opressão. Se Marco Cavallo simboliza a libertação dentro dos muros do manicômio, a destruição de Al-Hissan reflete a batalha em curso contra a violência dos colonos e a tentativa israelense de apagar a história e a identidade palestinas.

Os símbolos possuem um profundo significado psicológico, especialmente diante da adversidade. Tornam-se recipientes de narrativas apagadas e afirmações de identidade, servindo como formas poderosas de resistência contra o apagamento. Na Palestina, onde os fatores políticos influenciam fortemente a saúde mental, a arte e o simbolismo emergem como ferramentas vitais de expressão e de cura, apelando a intervenções culturalmente sensíveis e contextualmente relevantes.

De uma perspectiva humana, tanto Marco Cavallo como Al-Hissan são veículos da necessidade humana inata de simbolismo e memória coletiva em tempos de trauma. Enquanto Marco Cavallo significa progresso e capacitação nos cuidados da saúde mental, a destruição de Al-Hissan fala do trauma contínuo sofrido pelas comunidades palestinas.

No entanto um símbolo não pode ser exterminado. As histórias de Marco Cavallo e de Al-Hissan, o Cavalo de Jenin oferecem insights profundos sobre a resiliência do espírito humano e o poder da memória coletiva. Recordam-nos o papel crítico que os símbolos desempenham na saúde mental e realçam a necessidade urgente de um vasto apoio às comunidades afetadas por conflitos e opressão. Ao refletirmos sobre a história dessas duas estátuas, recordamos o significado duradouro dos símbolos na luta pela liberdade e pela justiça, e o profundo impacto que eles têm nas comunidades oprimidas em todo o mundo.

Gaza

Inocência sob fogo: a crise cada vez mais profunda das crianças de Gaza e seu pedido de ajuda[*]

Março de 2024

Em meio ao implacável ataque militar de Israel contra os palestinos na Faixa de Gaza, a situação das crianças no enclave sitiado piora a cada dia. A necessidade de apoio psicológico e social para essas almas jovens era evidente mesmo antes da escalada atual, mas agora atingiu um momento crítico.

 Nas palavras do secretário-geral da ONU, António Guterres, Gaza se transformou tragicamente em um cemitério para as crianças. De forma chocante, aproximadamente 17 mil crianças em Gaza estão agora sem os cuidados de suas famílias ou separadas delas, intensificando sua angústia psicológica e social. Os médicos locais criaram uma sigla sombria para a situação: "WCNSF", que significa "Wounded Child, no Surviving Family" (criança ferida, sem família sobrevivente) e destaca a realidade devastadora enfrentada por inúmeras crianças palestinas em Gaza. Todos os dias, dezenas delas sofrem amputações, o que as deixa com deficiências permanen-

---

* Texto extraído de um artigo publicado no *Middle East Monitor*.

tes, enquanto o pesadelo da fome se aproxima, exacerbando uma situação já terrível de desnutrição e anemia.

Elas precisam urgentemente de apoio para enfrentar os horrores diários que testemunham e suportam. À medida que o número de crianças que precisam de assistência aumenta, o desafio se torna cada vez mais assustador e complexo.

O Fundo das Nações Unidas para a Infância (Unicef) ressalta a necessidade fundamental de fornecer apoio psicológico, social e emocional a todas as crianças que enfrentam violência severa em Gaza. No entanto, as consequências da guerra vão muito além do contexto imediato, lançando uma longa sombra sobre o futuro delas. O trauma que as crianças sofrem ameaça corroer sua confiança no mundo, abalar seu senso de propósito e prejudicar sua capacidade de se conectar com os outros e consigo mesmas, promovendo uma sensação generalizada de insegurança que pode assombrá-las por toda a vida.

Em seus primeiros anos de desenvolvimento, as crianças são especialmente vulneráveis ao impacto psicológico da guerra. A capacidade cognitiva e emocional delas ainda está em processo de amadurecimento, o que as torna incapazes de processar os horrores que testemunham. Elas se apoiam fortemente em seus cuidadores para obter consolo e segurança, mas, quando esses pilares falham sob o peso do trauma da guerra, as crianças são deixadas à deriva em um mar de medo e abandono.

Além disso, sua compreensão limitada do conflito aumenta sua angústia, deixando-as confusas e desamparadas. A interrupção de sua rotina, somada à exposição às imagens, sons e cheiros perturbadores da guerra, exacerba ainda mais sua angústia, provocando reações emocionais intensas e aprofundando as cicatrizes psicológicas. Observamos uma menina congelando de pânico ao som de um trovão e um menino exibindo uma ansiedade extrema ao relatar um ataque ao qual assistiu.

A crise humanitária que as crianças de Gaza enfrentam exige uma intervenção urgente da comunidade internacional e das organizações humanitárias. Sua inocência, combinada com a dependência que têm de seus cuidadores e com a violência implacável da guerra, as deixa excepcionalmente vulneráveis. É imperativo que priorizemos o bem-estar delas, oferecendo-lhes o apoio e os recursos de que precisam não apenas para sobreviver, mas também para se recuperar e prosperar em meio aos escombros de Gaza. Seus gritos de socorro não devem passar despercebidos, pois representam a esperança e o futuro de uma geração atingida pelo fogo do genocídio.

Gaza, a traída*

Janeiro de 2022

Gaza fica a menos de cem quilômetros de Jerusalém. Ela é deliberadamente deixada fora de alcance, separada por três barreiras visíveis. A fronteira israelense é o principal obstáculo, e há outros dois, cada um afirmando a autoridade de uma das duas organizações palestinas em conflito: a Autoridade Palestina de Ramallah e o próprio governo de Gaza. Menos visível, outra barreira que nos impede de chegar a Gaza é um cerco diplomático que criou proibições institucionais. Mesmo quando obtemos permissão oficial do governo para atravessar a Faixa de Gaza, muitas vezes somos obrigados a pensar nas consequências institucionais.

Recentemente, após três tentativas de entrar em Gaza em missão médica, consegui obter todos os documentos exigidos e contornar o veto institucional. Fui contratada como consultora pelo Médicos Sem Fronteiras (MSF) da Espanha para treinar e supervisionar psicólogos que trabalham para o Mi-

---

* Texto extraído de um artigo publicado no *Middle East Monitor*.

nistério da Saúde e para o Ministério da Educação no gerenciamento de condições relacionadas ao trauma em crianças.

No posto de controle de Erez, a transição entre o último bairro israelense em Ashkelon e o primeiro bairro de Beit Hanoun em Gaza parecia uma viagem de várias décadas no tempo. Do lado israelense, você vê prédios modernos, carros elegantes e ruas amplas e modernizadas, enquanto ao entrar em Gaza se depara com uma infraestrutura deteriorada, estradas despedaçadas, carroças puxadas por animais, espaços superlotados, uma multidão de crianças brincando nas ruas, varais cheios de roupas penduradas nos prédios e rostos cansados olhando para você com expressão enigmática, talvez se perguntando: "Por que alguém viria a Gaza?".

Para minha surpresa, não havia escombros visíveis de casas demolidas no último ataque a Gaza em maio. Entendi que qualquer material útil é coletado rapidamente para ser reaproveitado na futura reconstrução. Notei vários jovens amputados nas ruas, adolescentes que perderam um membro durante a guerra porque seus joelhos foram alvos específicos — como aconteceu na Grande Marcha do Retorno. Os grafites exibidos nos campos, na cidade e na praia expressam o apoio dos habitantes de Gaza aos moradores de Jerusalém, ao povo de Cheikh Jarrah e a todos os prisioneiros palestinos. Gaza, a cativa, expressa resistência para nos libertar!

A guerra expõe a miséria de Gaza, mas rapidamente essa miséria volta ao esquecimento. Hoje, sentada no calor da minha casa para escrever este artigo — beneficiando-me de um dia de folga por causa da tempestade de neve que afeta a região —, soube de um bebê em Khan Yunis, que morreu por falta de aquecimento. Pobreza, anemia, insegurança alimentar, falta de equipamentos médicos, falta de combustível e de eletricidade são permanentes em Gaza. Fiquei profundamente triste quando uma de nossas estagiárias em Gaza, uma colega mais velha, mencionou em uma reunião informal: "Visitei Jerusalém no ano passado". Os colegas de Gaza expressaram curiosidade e até inveja. Para explicar, ela acrescentou: "Sou paciente de câncer e recebi permissão para ser tratada no Hospital Augusta Victoria". Para ter acesso a serviços médicos fora de Gaza é preciso ao mesmo tempo estar muito doente e ter muita sorte.

Todos os casos clínicos apresentados pelos terapeutas com os quais me reuni continham miséria e, alguns deles, psicopatologia. Quatro dos vinte e um casos de crianças foram encaminhados à supervisão após o suicídio de um membro da família. Os outros se seguiram à perda traumática de um membro da família morto pelos israelenses. Em um desses casos, a criança foi a única sobrevivente da família. Em outro, o irmão de 17 anos da criança havia cometido suicídio depois que a mãe o pressionou a sair de casa para conseguir comida; a irmã dele relatou ao coordenador pedagógico da escola que sua mãe estava deprimida e passava o tempo todo na cama. Quando um terapeuta a procurou para oferecer apoio e um antidepressivo, a mãe respondeu: "Preciso de comida, não de medicação".

Não há lugar seguro em Gaza. O trauma mostra sua face quando uma casa é demolida, quando um colega de classe é morto, quando um primo pega um barco ilegal e desaparece para sempre, quando existe a ameaça de outra guerra e quando Israel ataca os pescadores e agricultores para dissuadi-los de batalhar pelo seu sustento. As ameaças são muitas e reais.

Saí de Gaza muito cedo num domingo de manhã para atender pacientes na Cisjordânia. Encontrei uma fila interminável de trabalhadores palestinos esperando para cruzar o posto de controle de Erez. Soube que eles estavam aguardando ali desde as quatro da manhã. Nos corpos magros, nos rostos opacos e enrugados, nos cigarros baratos e nas sacolas plásticas que carregavam com uma muda de roupa íntima, vi um quadro de escravidão moderna. Ao contrário deles, eu não sabia que os israelenses não iriam permitir que eu atravessasse o posto de controle com a minha mala. Tive que esvaziar logo o conteúdo dela em sacos plásticos e jogar a mala fora antes de alcançar os soldados.

Fui a Gaza para ensinar e supervisionar, porém aprendi muito como psicoterapeuta, como compatriota palestina e como ser humano. Se Gaza fosse uma pessoa, seu trauma mais profundo não seria a agressão do inimigo, mas a traição de seus vizinhos, irmãos e irmãs. Ainda precisamos encontrar um remédio nacional para os efeitos dessa traição.

É impossível fornecer intervenções úteis de saúde mental quando não existe um lugar seguro. O bombardeio constante torna impossível encontrar um local seguro, e a falta de comida, água, combustível e eletricidade impede a satisfação das necessidades humanas básicas. O sistema de saúde mental, antes funcional, sofreu, nas últimas semanas, uma redução progressiva de seus serviços, a ponto de seis centros comunitários públicos de saúde mental, no sul terem fechado por falta de medicamentos. Nossa equipe profissional, habituada às circunstâncias restritas causadas pelo cerco de longa data, sofreu agora um trauma muito mais profundo; os terapeutas muitas vezes não possuem nada além das roupas do corpo e com frequência precisam se mudar de casa. Temos que enfrentar a realidade de não poder contar com a capacitação local para suprir as necessidades psicológicas da comunidade em Gaza.

Uma narrativa desumanizante acompanha a guerra atual — alguns criadores de conteúdo israelenses, por exemplo, estão postando vídeos no TikTok zombando dos gritos de sofrimento dos palestinos. Os líderes mundiais nos compararam a "cães". Práticas desumanizantes como a humilhação, a violação da dignidade e da autonomia e a nudez forçada, quando impostas aos palestinianos em vários contextos, mas especialmente durante a detenção administrativa, na prisão ou nas operações militares, têm efeitos graves e permanentes tanto psicológica como socialmente. Ações como essas são não apenas degradantes, como também violam os direitos humanos, agravando o trauma vivido pelos indivíduos e pelas comunidades. Podem levar as vítimas a desenvolver ansiedade severa, depressão e um sofrimento psicológico duradouro.

Tirar a roupa dos indivíduos é um ataque direto à dignidade e à autonomia pessoais. Serve para humilhar e rebaixar os indivíduos, despojando-os de sua humanidade. Muitas vezes a humilhação ocorre em público ou na frente de algumas pessoas, câmeras, amplificando a vergonha. A nudez forçada pode afetar profundamente o senso de identidade, a autoestima e a integridade de um indivíduo, contribuindo para a formação de cicatrizes psicológicas de longo prazo. As vítimas de nudez forçada muitas vezes enfrentam estigma social e vergonha nas suas comunidades devido à humilhação que sofreram. Esse estigma pode isolar e marginalizar ainda mais os indivíduos, impactando seus relacionamentos e integração social. Também pode incutir um sentimento persistente de vulnerabilidade e medo; suas percepções de segurança, sobretudo quando os indivíduos interagem com as autoridades ou em contextos semelhantes, ficam comprometidas. No longo prazo, pode comprometer a recuperação e a cura.

Resgatando a nossa humanidade dos escombros de Gaza*

Novembro de 2023

Todas as manhãs acordamos com imagens horríveis vindas de Gaza: cães selvagens devorando corpos de moradores mortos no hospital Al Shifa; o corpo de um palestino arrastado por uma corda presa a um veículo militar israelense perto da praia de Zikim; e nudez forçada e tortura imposta a trabalhadores palestinos são alguns exemplos. Hoje vimos o vídeo de um tanque israelense andando para a frente e para trás e esmagando o cadáver de um civil palestino.

Sou psiquiatra, com longa experiência de trabalho com profissionais de saúde mental em Gaza. Mas não estou aqui para falar sobre o impacto inimaginável do genocídio na saúde mental dos palestinos ou para romantizar a sumud palestina. Estou aqui para alertá-los sobre o colapso iminente do nosso senso de humanidade. Como palestina sem cidadania e que enfrenta atualmente um nível sem precedentes de repressão israelense

---

* Texto extraído de uma fala para o Coletivo Antipsiquiátrico Antonin Artaud, em Pisa, na Itália.

em Jerusalém e na Cisjordânia, apelo aos princípios universais de vocês como seres humanos para nos ajudarem a expor a realidade dolorosa que se desenrola em Gaza, um lugar que está sendo marcado por um dos capítulos mais sombrios da história da humanidade. As atrocidades implacáveis cometidas a todo o momento em Gaza são uma mancha na consciência da humanidade, deixando uma marca indelével na nossa capacidade de nos relacionar uns com os outros como seres humanos.

INTENÇÃO GENOCIDA

Desde o primeiro dia desta guerra, os políticos israelenses têm falado de forma vingativa em arrasar Gaza e deportar seus residentes. O ministro da Defesa israelense, Yoav Gallant, descreveu os habitantes de Gaza como "animais" e o presidente de Israel, Isaac Herzog, declarou que todos os habitantes de Gaza são cúmplices dos atos de 7 de outubro. Esses atos foram descritos como comparáveis aos do 11 de setembro e os combatentes da resistência palestina comparados aos membros do Isis — como se os acontecimentos de 7 de outubro é que marcassem o início da nossa história. Os acontecimentos de 7 de outubro foram enfocados como se nunca tivessem existido oito décadas de ocupação e repressão dos palestinos e como se não tivesse havido duas décadas de prisão em Gaza, o maior campo de concentração contemporâneo do planeta. O ministro do Patrimônio israelense, Amichai Eliyahy, afirmou que lançar uma arma nuclear em Gaza seria uma "opção". Mentiras que descrevem a decapitação de bebês israelenses e histórias infundadas sobre violações em massa foram inventadas para incitar o mundo contra Gaza e para legitimar o massacre de seus civis.

O bombardeio aéreo israelense tem sido incessante nos últimos trinta e sete dias de guerra, fazendo com que apenas neste mês as baixas em Gaza tenham excedido o número total de vítimas ucranianas desde o início da guerra na Ucrânia. Mulheres e crianças representam 70% das vítimas palestinas. Por favor, absorva esse fato, pois não se trata simplesmente de uma estatística, mas de um testemunho arrepiante de que os mais vulneráveis são alvos intencionais. Equipes médicas, jornalistas e forças de defesa civil também estão sendo alvos. Vemos pessoas tentando resgatar seus familiares dos escombros com as próprias mãos, sabemos de médicos que realizam cirurgias sem anestesia e de bebês prematuros morrendo porque o oxigênio está cortado nos hospitais. Mas muitas pessoas em Gaza usam seu celular para divulgar seu sofrimento ao mundo; não podemos dizer que não sabíamos. A cobertura ao vivo desses massacres, durante todo o mês passado, forçou o mundo a testemunhar esse horror, não deixando espaço para ambiguidades sobre a identidade dos responsáveis.

O que ainda é mais chocante para qualquer sentido de consciência é o apoio inabalável que esses massacres recebem dos principais regimes ocidentais — Estados Unidos, Reino Unido, França, Alemanha e Itália. O flagrante desrespeito pela vida palestina expresso pela liderança política e militar desses países e pelos principais meios de comunicação ocidentais contradiz os próprios valores que essas nações afirmam defender. Pelo contrário, seu desrespeito pela vida dos palestinos revela o racismo subjacente e a mentalidade colonial desses regimes ocidentais.

O infame cerco de Sarajevo serve como uma comparação gritante. Nesse episódio, o mundo assistiu ao bombardeio do Mercado Markale, que resultou em 43 vítimas e levou a uma ação decisiva da OTAN contra as forças sérvias. Já o bombardeio do Hospital Baptista Al-Ahli por Israel, que matou quinhentos civis, mereceu a seguinte observação hipócrita de Biden a Netanyahu: "Parece que foi realizado pela outra equipe". E Gaza é deixada para morrer de fome, sede, escuridão e falta de equipamentos médicos.

Desde 1948, as ações do Estado de Israel violam consistentemente o direito internacional. Protegido pelo apoio incondicional dos Estados Unidos, Israel se considera imune à responsabilização. No entanto, esses crimes contra os palestinos, apoiados pelo Ocidente, não são apenas uma violação do estado de direito, mas também uma traição à nossa humanidade partilhada. O ataque deliberado do governo e dos militares israelenses, alimentado pelo seu sentido distorcido de excepcionalismo e vingança, não está apenas arrasando Gaza; em cada edifício que cai, vejo o colapso moral da comunidade internacional.

Tal como a conhecemos, ferida, dolorida e sentindo-se traída, Gaza um dia se levantará dos escombros e nos olhará nos olhos. Talvez nos pergunte qual o papel que desempenhamos; talvez ela simplesmente nos perdoe, como já fez muitas vezes, e continue a lutar sozinha contra a ordem mundial. A urgência, hoje, reside em reavivar a nossa humanidade moribunda, que não conseguiu preservar as vidas de Gaza, promover a compaixão e restaurar os valores que nos definem como seres humanos. Vamos resgatar os restos da nossa humanidade dos escombros de Gaza.

Carta aos profissionais de saúde mental de Gaza[*]

Novembro de 2023

Caros profissionais de saúde mental em Gaza,

Ao testemunharmos o impacto da máquina de guerra no território sitiado de Gaza, tentamos imaginar o terrível preço psicológico causado por essa imensa destruição e pelas perdas traumáticas de entes queridos. É natural, e suspeita-se que seja deliberado, que esta devastação evoque em nós um sentimento de impotência e desesperança na aplicação das nossas competências como profissionais de saúde mental.

O que enfrentamos é a futilidade das nossas ferramentas e do nosso trabalho como profissionais da área da saúde mental. Como escapar dos bombardeios com exercícios de relaxamento? Como prestar primeiros socorros psicológicos quando não há lugar seguro, água ou comida? Como utilizar meios digitais de apoio psicossocial quando não há conexão com a internet?

---

* Publicado no site *Chronique de Palestine*.

Sabemos que a selvageria dessa agressão foi concebida para gerar sentimentos de impotência e culpa no nosso coração e para quebrar a força de vontade do povo palestino. Sabemos também que o papel dos profissionais de saúde mental pode ser uma pedra angular na construção da esperança e da cura em todos os níveis da sociedade.

Essa esperança é também a tinta com a qual se escreve a determinação de todos os solidários ao redor do mundo. Seu sumud é o pilar da nossa resiliência como profissionais de saúde mental na Palestina ou em qualquer lugar do mundo onde as pessoas aspiram à liberdade. Você, profissional de saúde, é a bússola para aqueles que estão perdidos e um farol nas trevas do despotismo. Estou ouvindo os feridos e os enlutados em Gaza, e estou impressionada com o sentimento de unidade nacional e de fé que eles invocam para manter a coesão e a resiliência na adversidade. Caros colegas, construam seu apoio psicológico sobre esses conceitos sempre que eles são evocados. Utilizem a terapia coletiva e estratégias da psicologia da libertação para aumentar a resiliência e reconstruir a identidade, contribuindo assim para a recuperação psicológica e o bem-estar da comunidade. Apesar da extensão da destruição, ainda temos a capacidade de manter respeito, interesse e empatia uns pelos outros.

Meus queridos habitantes de Gaza, colegas me contatam diariamente de Al-Quds [Jerusalém], da Cisjordânia, do interior do país ocupado [Palestina de 1948] e de fora da Palestina, sejam eles árabes ou não. Perguntam, motivados, como podem ajudar o povo de Gaza, pois estão solidários com a nossa terrível provação e esperando a vitória de vocês. A única coisa que nos impede de estar fisicamente a seu lado é a máquina de guerra entre nós. Aguardamos ansiosamente o cessar das agressões para retomar o trabalho com as instituições de Gaza, com suas diversas organizações e agências humanitárias, fornecendo o apoio e os recursos necessários para fortalecer a saúde mental do nosso povo.

Por último, gostaria de lembrar a vocês, meus caros colegas, que não estão sozinhos. Todos os olhos veem o nosso rosto, todos os ouvidos ouvem as suas palavras e todos os corações batem agora ao ritmo de Gaza. Somos mártires e testemunhas nesta fase crucial da história palestina e humana. Preservem a história de vida das pessoas e seus sonhos, e proteja-as o máximo que puder. Preservem a história de cada um desses indivíduos, sua humanidade e sua grande coragem diante da profanação, bem como a história e os direitos dos palestinos face à tirania. Voltaremos a nos encontrar em breve e trabalharemos juntos para construir um serviço de saúde mental de qualidade e ajudar as pessoas a se recuperar e a ascender. Temos a certeza de que nosso trabalho como profissionais de saúde mental é um elemento fundamental no projeto de libertação nacional nas suas duas vertentes: libertar o ser humano e libertar a terra.

Com todo o meu respeito e na esperança de uma libertação o mais rápido possível.

Por que as associações de saúde mental dos EUA justificam o ataque genocida de Israel a Gaza*

Outubro de 2023

As condenações unilaterais por parte das principais associações de psiquiatria reforçam a propaganda israelense e as tornam cúmplices da opressão e do assassinato de palestinos.

Nesta semana, a Associação Americana de Psiquiatria (APA) emitiu uma declaração sobre os "ataques terroristas em Israel" e a Academia Americana de Psiquiatria Infantil e Adolescente (AACAP) divulgou um relatório semelhante como resposta aos "recentes ataques e atos de terror em Israel".

Na situação atual, estas são condenações unilaterais e não abordam os 75 anos de ocupação da Palestina por Israel e as numerosas atrocidades cometidas contra os palestinos ao longo desse período.

A APA retrata a resistência palestina como antissemitismo e terrorismo, quando se sabe que o direito de resistência de um povo ocupado é legal, de acordo com as normas do

---

* Texto extraído de um artigo publicado no *Middle East Eye*.

direito internacional, e, assim como a própria saúde mental, trata-se de um direito humano fundamental.

O terrível desequilíbrio nas declarações tanto da APA como da AACAP reflete uma perigosa falta de consciência ou uma ignorância imoral e intencional dos efeitos da ocupação na saúde física e mental, especialmente no cerco de Gaza.

Ao não abordar o sofrimento de anos dos palestinos e apoiar o ocupante, a APA e a AACAP violaram seus próprios princípios de imparcialidade e neutralidade e expuseram sua falta de compromisso com a saúde mental de todas as pessoas.

VIDAS DESIGUAIS

As declarações das principais associações de psiquiatria do mundo negligenciam o contexto histórico e fazem vista grossa à população sitiada em Gaza, metade da qual são crianças. Não há qualquer menção ao horrível bombardeio do pequeno enclave nem ao que muitos grupos de direitos humanos passaram a chamar de genocídio contra os palestinos.

Da mesma forma, as declarações ignoram o impacto psicológico e o trauma da ocupação. Grupos de direitos humanos documentaram por anos as condições desumanas a que os palestinos estão submetidos, com relatórios inclusive dos Médicos pelos Direitos Humanos, da Anistia Internacional e do Save the Children, entre outros.

Em sua brutal campanha de punição coletiva, Israel cortou o acesso a alimentos, combustível, eletricidade, água e suprimentos médicos. No que está sendo descrito como a segunda Nakba — "catástrofe", em árabe —, assiste-se ao deslocamento de centenas de milhares de palestinos, forçados a fugir de suas casas.

Um terço dos mais de 2.200 palestinos mortos e dos quase 9 mil feridos até agora em Gaza são crianças, mas ao que parece não são vidas dignas de menção pela AACAP.

Mesmo em sua tímida declaração sobre a atual "crise" em Gaza, a AACAP não consegue lamentar as crianças mortas, expressando apenas uma vaga preocupação pelas imagens potencialmente angustiantes às quais as crianças podem ser expostas. Como se os jovens, na última década e meia, já não tivessem sido forçados a suportar cinco guerras de Israel contra Gaza, com inúmeras mortes de civis.

Para além da violência, Gaza foi devastada por um período de dezesseis anos de bloqueio, sendo descrita como uma prisão a céu aberto com a maior densidade populacional do mundo. Nos últimos dias, Israel ordenou que mais de um milhão de palestinos deixassem suas casas, sem que tivessem para onde ir.

Parece óbvio que as preocupações dos profissionais de saúde mental devam se estender igualmente a todas as pessoas. Quem melhor do que os psicoterapeutas para entender a importância da liberdade para os seres humanos, tanto para palestinos como para israelenses? Desse modo, a única explicação para essa evidente duplicidade de critérios é que a APA e a AAPAC adotaram a narrativa oficial israelense e são incapazes de ver os palestinos como seres humanos.

PROPAGANDA PERIGOSA

As declarações desumanizam ainda mais os palestinos, ignorando os desafios constantes à saúde mental e o trauma coletivo resultantes de décadas de opressão, violência contínua, humilhação e injustiça infligidas pela ocupação.

O bombardeio de escolas, ambulâncias e hospitais palestinos, e até mesmo do único hospital psiquiátrico em Gaza, ocorrido na manhã de sexta-feira (13/10/2023), como fui informada pelo dr. Abdullah Aljamal, diretor do hospital e meu colega, é mais um exemplo desses danos crônicos.

Tais declarações de organizações médicas — que alegam não se tratar de lobby político — inflamam ainda mais o sentimento público e reforçam a perigosa propaganda de apoio às ações genocidas de Israel contra os palestinos em Gaza. Em vez disso, a APA e a AACAP poderiam ter feito diferente e enfrentado as mentiras cruéis divulgadas pelo governo estadunidense e pela mídia, inclusive a horrível e já desmentida inverdade de "bebês decapitados".

Se essas organizações estivessem verdadeiramente preocupadas com o bem-estar dos civis ou das crianças, teriam contestado o enorme arsenal de ajuda militar dos Estados Unidos a Israel, que contribui para a implementação dos projetos assassinos contra os palestinos.

ATITUDES ARROGANTES

A APA e a AACAP poderiam ter contribuído de outra forma com o povo de Israel, ajudando-o a abandonar suas atitudes arrogantes e a ideia de supremacismo. Poderiam ajudar a conter futuras violências, reconhecendo a luta legítima dos palestinos para viver em liberdade e com dignidade, e entendendo que onde há opressão há resistência.

É essencial uma abordagem mais equilibrada e empática que reconheça as lutas pela saúde mental de ambos os lados e defenda uma resolução justa e pacífica para os dois povos. Uma resolução baseada nos princípios dos direitos humanos e no direito internacional.

A saúde mental como direito humano fundamental foi o tema do mais recente Dia Mundial da Saúde Mental, em 10 de outubro. Trabalhar em prol da saúde mental global requer um olhar abrangente e inclusivo, que apoie todos aqueles afetados por esta crise duradoura e contínua.

Os psiquiatras e profissionais de saúde mental palestinos apelam a todos os colegas e às organizações de saúde e de saúde mental em todo o mundo para que defendam a ética do nosso papel profissional e não se deixem corromper pela ideologia política.

Devemos reagir contra a APA e a AAPAC e contra quaisquer organizações profissionais que contribuam para representações negativas e odiosas do povo palestino. Declarações perigosas como as dessas entidades as tornam cúmplices da opressão e do assassinato de palestinos.

Solidariedade

Solidariedade dos profissionais com a Palestina: um imperativo da saúde mental*

Novembro de 2018

No campo da medicina, falamos com frequência dos determinantes sociais da saúde. Na Palestina, não só os determinantes sociais, mas também os políticos da saúde, têm um grave impacto no bem-estar e na saúde mental da nossa comunidade. Não me refiro apenas à chantagem política feita por meio dos recentes e flagrantes cortes de milhões de dólares dos Estados Unidos aos hospitais de Jerusalém Oriental, tampouco ao corte de financiamento aos serviços educativos e de saúde da Agência das Nações Unidas de Assistência aos Refugiados da Palestina no Oriente Próximo (UNRWA), mas à nossa realidade diária de péssimas oportunidades de trabalho, ao vácuo de liderança, à ameaça de detenção política que assombra nossa juventude e às experiências generalizadas de perda e sofrimento. Séculos de opressão política criaram uma cascata de danos à identidade coletiva e individual palestinas.

---

* Texto extraído de um artigo publicado no *Middle East Monitor*.

O cerco de Gaza, ainda em curso, é um exemplo dramático de como a realidade política da ocupação destrói deliberadamente a qualidade de vida dos palestinos. Numa sociedade onde a morte repentina e traumática de jovens é comum e a experiência de detenção e tortura atinge todas as famílias, o sofrimento psicológico e a ansiedade coletiva tornam-se pandêmicos. Quem melhor do que os profissionais de saúde mental para entender como essa dor e esse medo onipresentes intimidam a população ou mesmo levam os indivíduos à radicalização?

No meu gabinete na unidade de saúde mental responsável pelos serviços de saúde mental na Cisjordânia, recebo frequentemente doadores e representantes de ONGs internacionais de saúde mental e medicina em geral interessados em apoiar o nosso sistema de saúde mental. Alguns dispõem-se a pagar por medicamentos, equipamentos e treinamento, mas evitam a defesa e a solidariedade política.

A solidariedade com o povo palestino e a defesa de seus direitos humanos e nacionais são apenas uma posição terapêutica diante do trauma histórico coletivo, e não se limitam aos profissionais de saúde mental. Sem essa solidariedade, as intervenções dos profissionais de saúde mental podem fazer mais mal do que bem, uma vez que elas não conseguem ser preventivas e podem patologizar a experiência dos palestinos, medicando suas reações e inibindo sua ação, mantendo, assim, o status quo de seu contexto patogênico.

A decisão da Associação Internacional de Psicanálise Relacional e Psicoterapia (IARPP) de realizar sua conferência de 2019 em Tel Aviv e a participação da Associação para as Conferências de Psiquiatria da Criança e do Adolescente de Língua Francesa em Israel (Copelfi) num colóquio sobre Trauma em Rennes, na França, em dezembro deste ano, são exemplos recentes de como a Palestina ocupada é ignorada pelos profissionais de saúde mental, e como a identificação ocidental com a experiência israelense é facilitada. Mas esse preconceito é clássico na minha profissão. Utilizo frequentemente ferramentas de busca para ver o quanto é publicado, na minha área profissional, sobre Palestina e Israel: muito pouco sobre o trauma palestino e o terrorismo de Israel; muito sobre o "terrorismo" palestino e o trauma israelense!

A propaganda não se limita à mídia. Mesmo em ambientes profissionais, a Palestina sofre um silenciamento, e as considerações finais sobre o trauma da nação judaica silenciam grande parte do diálogo crítico sobre a ocupação. Em 2014, logo após os massacres em Gaza, fui convidada a falar no Instituto Tavistock e Portman, em Londres. Depois de várias tentativas de me intimidar e silenciar, um dos profissionais participantes gritou para o moderador: "Isso é unilateral; por que você não convidou um palestrante israelense? É uma traição aos fundadores judeus deste lugar convidar uma pessoa como *ela*!". Ela, uma psiquiatra que levanta questões sobre o papel e a responsabilidade que os profissionais compartilham no envolvimento com a realidade política.

Europeus, ocidentais e israelenses não são donos da profissão de cura nem possuem a experiência dos palestinos. Desconsiderar a experiência dos palestinos é, no mínimo, negligência; condicionar a escuta e o convite dos palestinos ao convite dos israelenses é uma ilusão de simetria e uma tentativa de normalizar a dependência dos palestinos em relação aos israelenses para alcançar espaços profissionais internacionais — uma dependência sinistra, que torna o trauma dos palestinos mais complexo. Em vez de questionar os profissionais israelenses sobre suas responsabilidades éticas como israelenses e como profissionais diante do trauma político dos palestinos, os profissionais estrangeiros tornam-se cúmplices da negação, impedindo seu papel como terceiro elemento, um papel potencial para promover a cura psicológica e encorajar a justiça restaurativa e a reconciliação futura.

Hoje muitos profissionais de saúde mental se orgulham de ter se mantido solidários com Nelson Mandela e com as pessoas que ele representou em sua oposição ao regime do apartheid da África do Sul anos atrás. Hoje poucos gostariam de ser conhecidos por terem trazido profissionais sul-africanos brancos pró-apartheid para conferências, a fim de que pudessem partilhar a experiência do seu trauma causado pelos sul-africanos negros. Da mesma forma, os profissionais de saúde mental não devem depender dos israelenses para o fornecimento de conhecimentos especializados sobre o impacto da nossa realidade política. Ao contrário, os profissionais de saúde mental devem se orgulhar de apoiar seus colegas da Palestina no seu trabalho diário e se orgulhar de produzir conhecimento e sensibilização para os abusos dos direitos humanos perpetrados pelo Estado de Israel, que provocam traumas para os dois povos. Quanto a nós, profissionais de saúde mental palestinos, nós continuaremos nosso diálogo crítico sobre a ocupação até que a narrativa hegemônica seja exposta e desconstruída.

O pensamento por trás do juramento dos profissionais de saúde mental*

Novembro de 2015

A OCUPAÇÃO ISRAELENSE DA PALESTINA

Numa época de turbulência global, com crises de refugiados em muitas regiões, é fácil perder de vista que os palestinos constituem uma das maiores populações de refugiados, bem como a mais antiga do mundo. Dos 11,6 milhões de palestinos dispersos pelo mundo, 4,5 milhões vivem hoje em situação de insegurança apátrida no território palestino ocupado, dominado por Israel, uma área geograficamente descontínua, cada vez mais fragmentada e menor, que inclui Cisjordânia, Jerusalém Oriental e Gaza. O deslocamento forçado dos palestinos de suas casas pelas forças israelenses, que começou em 1948 e continua até hoje, é fundamentalmente fruto de um único fator: a ambição israelense de "limpar" a terra para o uso exclusivo do povo judeu/israelense. O impacto catastrófico dessa ambição

---

* Texto extraído de um artigo publicado pela *UK-Palestine Mental Health Network* e escrito em parceria com Elizabeth Berger.

foi suportado por gerações de palestinos, que, na proteção dessa terra, sofreram devastadores ataques militar, político, econômico, social e ideológico. A situação histórica e a atual configuram quase setenta anos de uma limpeza étnica sistemática e de um regime de apartheid em nome do sionismo político, representando para os palestinos um enorme desafio moral.

A lista de violações dos direitos humanos perpetradas pelo governo israelense na sua atual ocupação da Palestina compõe um catálogo do terror: assassinato e quebra de ossos de manifestantes indefesos, armamento de colonos israelenses para cometerem atos de violência contra os palestinos, bombardeio de hospitais e escolas, incursão e demolição de casas, uso de gás tóxico, prisões em massa, detenção e tortura — inclusive de crianças. Estima-se que desde 1967 um terço dos homens palestinos foram detidos — em muitos casos por décadas — pelas forças israelenses, muitas vezes sem que houvesse acusações contra eles. Quase todos esses presos são maltratados, e a tortura física e psicológica perpetrada pelos israelenses é tão corriqueira, que suas consequências constituem um importante problema de saúde pública na Palestina. Formas mais perceptíveis da represália imposta à comunidade pelos israelenses envolvem a destruição deliberada, sistemática e maciça dos sistemas econômico, agrícola, educacional e jurídico da Palestina, bem como a manutenção do controle total de estradas, água, espaço aéreo, deslocamento humano e recursos naturais. O esforço deliberado para dizimar lideranças da sociedade palestina por meio de ataques específicos a jornalistas, advogados, defensores dos direitos humanos, organizadores comunitários e legisladores palestinos, e também de proeminentes profissionais de saúde mental e de suas famílias, tem sido um aspecto especialmente maligno da política israelense.

O deslocamento violento, a contenção e a devastação do povo da Palestina nunca teriam sido perpetrados sem a quantidade astronômica e cada vez maior de apoio militar dado ao governo de Israel pelos Estados Unidos — mais ajuda militar cumulativa desde o fim da Segunda Guerra Mundial do que a qualquer outro país —, motivado pelos próprios interesses geopolíticos dos norte-americanos no Oriente Médio. Essa guerra de tanques e aviões de combate foi justificada por meio de uma guerra narrativa, uma campanha de propaganda bem financiada, retratando os israelenses como vítimas corajosas que defendem a democracia e os palestinos como fanáticos perigosos e desumanos.

As distorções dos fatos subjacentes à propaganda pró-Israel e os detalhes dos crimes israelenses contra a humanidade foram documentados por incontáveis relatórios das Nações Unidas, por organizações de direitos humanos como a Anistia Internacional, por organizações internacionais contra a tortura e por acadêmicos e jornalistas estrangeiros. Um número cada vez mais relevante de organizações israelenses e de indivíduos corajosos em Israel manifestam-se contra a opressão do povo palestino por seu próprio governo e os efeitos perniciosos dela tanto na sociedade israelense como na sociedade palestina. Em muitos países, surgiram movimentos para conscientizar e mobilizar as pessoas, em solidariedade com a comunidade palestina, dedicando-se a expor a agressão violenta, o racismo e a violação dos padrões internacionais de direitos humanos cometidos pelo Estado de Israel.

O PAPEL DOS PROFISSIONAIS DE SAÚDE MENTAL

Os profissionais de saúde mental, capacitados por treinamento e experiência para ouvir questões ocultas sob camadas menos superficiais, têm o potencial de neutralizar o poder da narrativa da propaganda pró-Israel ao fazer a distinção entre fantasia e fato e ao identificar a negação, o interesse próprio e o autoengano por trás de suas declarações. Um dos posicionamentos dessa propaganda, fundamental para a visão de mundo do sionismo político, afirma a "exclusividade" inerente do povo judeu: especial em sua história de vitimização na Europa, o povo judeu exige um estado etnocêntrico militarizado que esteja além de qualquer crítica e desobrigado de se submeter às leis internacionais. Ao mesmo tempo que explora a culpa do Ocidente por sua passividade e colaboração com o Holocausto da Segunda Guerra Mundial, a afirmação questionável da exclusividade israelense apresenta uma superfície aparentemente inocente enquanto oblitera a responsabilidade moral pela ganância colonialista dissimulada, pelo direito implacável da sua legislação, por sua violência, classificando todas as críticas como antissemitismo.

Outro posicionamento da propaganda é a visão amplamente disseminada de que a violência israelense, embora lamentável, se espelha e se justifica na ameaça da violência palestina. A afirmação questionável da existência dessa simetria traz na superfície uma inevitabilidade trágica, com uma divisão aparentemente equilibrada de culpa e empatia entre os dois lados, ao mesmo tempo que normaliza e apoia furtivamente o status quo. De modo geral, o profissional de saúde mental reconhecerá nos maus-tratos israelenses aplicados ao povo palestino os contornos característicos da dinâmica do abuso: o abuso em si e a consequente e implacável campanha para minar a credibilidade da vítima, destruir seu respeito próprio e deslegitimar e silenciar sua narrativa. Ao identificar manipulações de propaganda como essas, com distorções politicamente motivadas, em vez de verdades evidentes, os profissionais de saúde mental podem elevar o nível de avaliação da realidade nas discussões sobre Israel e a Palestina ocupada.

Além de trazer sua visão para o debate sobre a ocupação, a comunidade de saúde mental se encontra em uma posição única para avaliar adequadamente a gravidade dos imensos danos psicológicos e sociais infligidos pela ocupação por meio de uma compreensão profissional das consequências emocionais da guerra, da ocupação, da insegurança generalizada e, especialmente, do desenvolvimento infantil. Por meio dessas lentes, as atrocidades inegáveis, que agora ganham destaque público em vídeos virais na internet (como soldados israelenses espancando uma criança palestina), podem ser colocadas em um contexto mais amplo de violência, racismo, discriminação social, detenção sem o devido processo, desemprego, empobrecimento, desnutrição, disfunção familiar, humilhação e miséria humana, assim como o impacto diário e devastador de todos esses fatores no bem-estar psicológico. O ataque psicológico de 1948 foi simples, planejado para incutir medo e com o objetivo de induzir os palestinos a abandonar suas casas. O ataque psicológico de hoje é sofisticado, planejado para destruir o moral palestino, levar a um estado de desesperança passiva e minar as fontes de coesão individual, familiar e social. A finalidade, hoje, é alcançar o isolamento e a rendição psicológica de toda uma população cativa que não tem para onde ir e esmagar a resistência palestina.

Os efeitos da ocupação em todos os setores da sociedade palestina são, portanto, a força motriz da grande carga de sofrimento mental que aflige milhões de pessoas. Esse sofrimento está documentado nas altas taxas de transtornos psiquiátricos como depressão, ansiedade e transtorno de estresse pós-traumático. Mas, diferentemente dos danos causados a uma comunidade após um terremoto ou uma inundação, os danos causados ao povo palestino vão além de lesões extremas e momentâneas; o povo palestino sofre de uma lesão crônica causada por uma injustiça crônica. Sob a ocupação, os palestinos enfrentam uma degradação propositalmente infligida a todo o sistema de significados que lhe dá identidade como povo. Não apenas os eus individuais, mas também o eu coletivo foi danificado. Como terapeutas, somos desafiados a pensar de um jeito novo, para desenvolver teorias e práticas abrangentes e adequadas para esse contexto.

Em nossa opinião, a comunidade de saúde mental está especialmente equipada para ser proativa na abordagem desses desafios clínicos e, ao mesmo tempo, morais, tanto em nossa prática diária, sempre que essas questões surgirem, quanto fora dela, por meio de nossas organizações e atividades profissionais. Nossas habilidades como profissionais de saúde mental — como ouvintes ativos, esclarecedores de distorções, contestadores de pensamentos confusos, persuasores na comunidade, prestadores de cuidados aos que sofrem e defensores da justiça para os vulneráveis e para as vítimas — nos preparam para sermos úteis de várias maneiras na luta contra a ocupação.

Incentivamos os profissionais de saúde mental a não causar danos; por exemplo, a se manifestarem contra a participação de colegas em atividades que promovam as práticas da ocupação — como a assistência no desenvolvimento de técnicas de interrogatório. Além disso, incentivamos os profissionais de saúde mental a participar de projetos que ampliam o escopo do debate, a testemunhar, documentar e participar de pesquisas sobre a ocupação e buscar parcerias com palestinos para expor a extensão total de suas consequências. Há uma grande necessidade de apoiar iniciativas palestinas que ofereçam serviços diretos de saúde mental a pacientes e que promovam formas de vida comunitária genuinamente terapêuticas aos palestinos. Como profissionais de saúde mental, temos habilidades como clínicos e facilitadores que podem ser de uso prático localmente.

Assim como nenhum profissional de saúde mental trataria uma vítima de incesto ou de tortura sem comunicar às autoridades, nenhum profissional de saúde mental pode tratar uma vítima de ocupação em silêncio. Nosso dever de denunciar o abuso faz parte do nosso profissionalismo e, em muitos casos, está codificado em estatuto como uma obrigação legal. O abuso deve cessar, ou todos os nossos esforços terapêuticos serão inúteis — e talvez até prejudiciais, pois as vítimas de abuso precisam de justiça no mundo, além de terapia. O tratamento de vítimas de violência é, portanto, multidisciplinar em essência, porque forças externas, como a polícia e os sistemas judiciais, são obrigadas a restaurar os direitos fundamentais das partes lesadas, agindo em coordenação com a saúde mental como uma unidade disciplinar. É coerente com nosso juramento de profissionais da saúde integrar as agendas de saúde pública que examinem e tomem medidas para abordar as causas fundamentais do sofrimento humano. Dessa forma, os direitos humanos devem ser extremamente relevantes para os profissionais de saúde mental, exigindo ativismo em resposta à sua violação e negligência.

As consequências psicológicas e psiquiátricas da ocupação israelense não são apenas problemas de saúde mental, mas também problemas jurídicos e geopolíticos; a restauração do bem-estar mental exige que solicitemos a intervenção de autoridades morais e jurídicas de nível internacional. Assim como as organizações profissionais de saúde mental têm cooperado com legisladores e juízes para criar e aplicar leis que protejam as vítimas de incesto, estupro e violência familiar, a comunidade de saúde mental também deve trabalhar em apoio mútuo com organizações jurídicas, políticas e de direitos humanos a fim de buscar justiça para o povo palestino e a restauração de sua dignidade humana.

Portanto, como profissionais comprometidos, talvez precisemos ir além dos limites das nossas costumeiras funções e agir enquanto coletivo para alcançarmos uma transformação genuína em Israel e na Palestina ocupada, que respeite as necessidades humanas e os direitos humanos de todos os seus habitantes. Devemos nos comprometer não apenas a trabalhar como clínicos para a libertação do indivíduo, mas também para a libertação da comunidade. Apelamos aos profissionais de saúde mental para que se engajem na solidariedade sociopolítica com o povo da Palestina como um posicionamento terapêutico. Dedicar-nos a esse trabalho enquanto a ocupação continua nos dará o insight que precisaremos no futuro como mediadores engajados no processo de reconciliação. Estabelecer uma base de envolvimento durante um período de crise nos prepara para a participação numa solução para a crise que traga reparação genuína, justiça e direitos civis plenos para o povo da Palestina.

Solidariedade global com os palestinos: do apoio psicológico à mudança política*

Dezembro de 2014

Enquanto as centenas de milhares de pessoas em todo o mundo que protestaram contra os massacres em Gaza recuam para a inércia, hipnotizadas por notícias sobre o cessar-fogo e a conferência de reconstrução de Gaza, um processo israelense mais insidioso de confisco de terras, expansão de assentamentos e controle sobre os locais sagrados de Jerusalém continua a corroer a vida dos palestinos. Multidões de jovens judeus israelenses continuam a se organizar, sempre prontos para um novo ataque aos palestinos, e os militares israelenses gozam de impunidade por seus crimes de guerra em Gaza. Para os palestinos, o cessar-fogo significa voltar a ser o ponto cego da consciência do mundo — um ataque menos dramático às liberdades da vida, com suas humilhações e opressões diárias.

O discurso dos líderes mundiais sobre "o direito de Israel à autodefesa" causa ainda mais danos aos palestinos, em ra-

---
* Texto extraído de um artigo publicado no *Washington Report on Middle East Affairs*.

zão de toda a hostilidade e violência infligidas a nós. Não é de admirar que os palestinos sintam o mundo exterior como tendencioso, egoísta e cúmplice em nos prejudicar. Na verdade, assim como uma vítima de estupro sente-se duplamente traumatizada pela indiferença do espectador, os palestinos sentem-se traídos pelo silêncio do mundo. Assim como a vítima de estupro, os palestinos precisam — e merecem — não apenas da solidariedade do indivíduo, mas também a efetivação da justiça.

Mas, graças a todos aqueles que se manifestam em nosso nome, reconhecendo-nos e validando nossa experiência, fazendo-nos saber que somos vistos e ouvidos, nossa crença na justiça e na bondade dos outros não foi completamente destruída.

A solidariedade internacional com os palestinos ajuda a aliviar a dor psicológica e a alienação causadas pela desumanização implacável de Israel e pela apatia e negação demonstradas pelo mundo, assim como pela falta de denúncia. As iniciativas locais e internacionais que ajudam os palestinos a sobreviver, recuperar-se, alcançar a liberdade e manter a luta facilitam o engajamento e restauram o senso de saúde da sociedade palestina, protegendo-a contra o desespero e o extremismo. Os palestinos, de fato, gostam de estrangeiros; não é na Palestina que eles são sequestrados e decapitados!

Embora as manifestações ofereçam aos palestinos um importante apoio psicológico e uma oportunidade para que os manifestantes exponham suas objeções e frustrações, até agora elas não conseguiram mudar nossa realidade política ou impedir um futuro massacre contra nós. Israel não responde à condenação moral, e o apoio de Washington a Israel vai além das declarações políticas, financiando a agressão militar israelense com o dinheiro dos impostos dos americanos.

Diante da indiferença de nossos líderes políticos, os ativistas da solidariedade devem trabalhar para ganhar impulso e adotar estratégias e ferramentas inovadoras. Isso exigirá um compromisso global e regional com o bem-estar do povo palestino, a mobilização ativa e de longo prazo de uma solidariedade ideológica, jurídica, política e econômica.

É imperativo aproveitar os sentimentos instintivos, imediatos e reflexivos de empatia e solidariedade para alcançar um movimento de solidariedade globalizado, sóbrio e estratégico de longo prazo, que possa atuar como uma entidade unificada regida pela cooperação mútua. Essa entidade pode criar alianças e coalizões entre diferentes grupos e orquestrar, multiplicar e aumentar o impacto do movimento de solidariedade. Ela não apenas pode servir como um amparo a muitos simpatizantes — árabes, israelenses, alemães —, que, intimidados em sua própria sociedade, não conseguem estabelecer organizações de solidariedade, mas também pode protegê-los e facilitar a comunicação entre eles e seus governos.

A solidariedade global requer uma rede de associações horizontais (pregando para os não convertidos) e verticais (criando acesso ao poder). Enquanto a primeira tem como objetivo levar ao público internacional, intoxicado pela propaganda israelense, a um melhor nível de conhecimento sobre a Palestina, a segunda exige treinamento formal em estratégias de defesa (por exemplo, campanhas na mídia, falas públicas, lobby e mídia social) de um grupo menor, voltado para a legislação e outras decisões institucionais.

Solidariedade com os palestinos significa unir-se e vincular-se não com base em família, religião, etnia ou classe, mas com base em valores compartilhados e no objetivo comum de libertar a Palestina da ocupação, restaurar a justiça e os direitos humanos dos palestinos e responsabilizar Israel sob o direito internacional. A solidariedade requer que aprendamos a trabalhar apesar de nossas divisões, e por meio delas, bem como requer o compromisso de pessoas que não compartilham de nossa dor ou condições de vida, mas que se recusam a ser colaboradores passivos ou ativos na nossa opressão, pessoas que veem a libertação da Palestina como parte de sua própria libertação.

Conheci muitas dessas pessoas apaixonadas e sinceras e estou convencida de que aprender a efetuar mudanças políticas protegerá muitas delas do esgotamento. Não existe uma receita única para a solidariedade; como dizem os franceses: *"Chacun fait sa cuisine interne"*, ou seja, cada um elabora sua própria visão de mundo. Portanto, assim como peço às pessoas solidárias que deixem os palestinos escolherem suas formas de resistência, é importante respeitar as formas de solidariedade escolhidas pelos cidadãos de cada país — eles sabem melhor o que funciona para eles. No entanto é importante ser flexível e aberto a sugestões e colaborações com outras pessoas.

Fundamental para a criação de um movimento de solidariedade global é incentivar a parceria e o trabalho em equipe com profissionais, acadêmicos, ativistas e educadores palestinos, de modo que as ações solidárias sejam sensíveis às necessidades e à cultura da sociedade civil palestina e ajudem os palestinos a disseminar sua narrativa, suas aspirações e seu ponto de vista para um mundo mais amplo.

CRISE COMO OPORTUNIDADE

A coesão nacional palestina é o pré-requisito para a solidariedade global. A divisão dos partidos políticos palestinos, ocorrida após as eleições de 2006, e agravada pela ajuda política e financeira externa fornecida a alguns palestinos e não a outros, causou danos significativos à moral e aos valores palestinos e, da mesma forma, fragmentou os esforços de solidariedade com os palestinos.

Mas a brutalidade do ataque mais recente de Israel a Gaza criou um sentimento espontâneo, apaixonado e popular de unidade nacional, ao qual a liderança palestina não teve outra opção a não ser aderir. Portanto, essa é uma oportunidade para os palestinos, baseados em sua rejeição à polarização, ao incitamento e à intimidação, investirem no fortalecimento, na vitalidade e na mobilização de energias e realizações em várias esferas da vida. A firmeza de nossos compatriotas em Gaza elevou o moral do povo e melhorou os níveis de coesão social e confiança. A confiança gera trabalho em equipe e cooperação mútua, além de aumentar o nível de identidade nacional e o desejo de participar da vida pública.

Durante o ataque de Israel a Gaza, os palestinos não se identificaram com as posições de nossos líderes eleitos (há muito tempo), e sim com a resistência. Como resultado, agora a maioria dos palestinos desafia a Autoridade Palestina, rejeita a cooperação de segurança com Israel e exige que ela leve nosso caso à Corte Internacional de Justiça. Para que essa resposta enérgica continue, é preciso que seja mais do que apenas uma reação temporária. É fundamental apoiar o crescimento de instituições democráticas totalmente responsáveis na Palestina, que coordenarão estruturas econômicas governantes e autossustentáveis de maneira sábia, eficiente e responsiva. A adesão aos princípios de transparência e responsabilidade é um pré-requisito para o estabelecimento da reforma institucional e da cidadania participativa; o desenvolvimento de uma constituição palestina, com a participação de todos os partidos políticos, a ser apresentada aos eleitores em um referendo, também é uma etapa obrigatória para a consolidação da unidade nacional.

AUXILIANDO PALESTINOS E ISRAELENSES

Além de promover a cura e criar mudanças políticas, inclusive a prevenção de futuros ataques e a promoção da libertação palestina, a solidariedade com os palestinos também servirá para diminuir a sede de vingança e preparar o caminho para uma futura reconciliação. Como ela facilita tanto o renascimento pessoal quanto a reforma social, acabará ajudando palestinos e israelenses em uma era pós-guerra que esperamos chegue logo. A segurança em que a solidariedade nos envolve promove a confiança e permite o reconhecimento mútuo e a compaixão, abrindo, assim, o caminho para o perdão e a justiça, a base da paz.

A audiência da CIJ sobre o genocídio em Gaza contribui na cura do trauma histórico palestino[*]

Janeiro de 2024

O comparecimento de Israel à Corte Internacional de Justiça (CIJ) em Haia é um passo importante no caminho da justiça e uma contribuição necessária para a cura do trauma histórico do povo palestino. Esse trauma teve início com a Declaração Balfour de 1917 e continuou na Nakba de 1948 e em muitas guerras e agressões subsequentes. O trauma está presente no genocídio que vivemos agora, que aprofunda e expande nossas feridas históricas a tal ponto, que elas só poderão ser curadas com uma intervenção profunda.

O Estado de Israel sempre transgrediu o direito internacional. As potências da Europa e os Estados Unidos foram coniventes com ele. As Nações Unidas nunca conseguiram impedi-lo ou responsabilizá-lo por suas violações. Os palestinos sempre tiveram plena consciência dessa injustiça e desse abandono, e das inúmeras traições. A impunidade de Israel ao longo da história reforçou a sensação de isolamento

---

[*] Texto extraído de um artigo publicado no *Middle East Monitor*.

dos palestinos e enfraqueceu nossa fé na interação humana e na justiça.

As ações da África do Sul na CIJ — independentemente de seus resultados — vieram corrigir, pelo menos em parte, essa descrença palestina no mundo, por meio da solidariedade, do reconhecimento e do apoio sul-africanos. A presença de Israel na CIJ transmite um simbolismo significativo para nossa causa humanitária. A África do Sul, o principal motor do julgamento, é um ícone de enfrentamento e triunfo sobre a opressão racial e étnica. Seus argumentos, que responsabilizam Israel com a acusação de genocídio, apoiam os direitos dos palestinos e confrontam as potências ocidentais e seu sistema de subjugação internacional cúmplice de uma tirania étnica que manchou suas mãos de sangue.

Damos as boas-vindas aos povos da África, vítimas de violações dos direitos humanos no passado e hoje solidários com os palestinos, vítimas do presente. Essa solidariedade nos liberta da humilhação nascida da nossa exclusão da consciência da comunidade humana. Ela nos assegura que ainda há bondade no mundo. Ela nos faz confiar em uma humanidade compartilhada. Ela acende um lampejo de esperança de que há equidade e justiça em um mundo que obscureceu nossa vida com a opressão por mais de um século.

A maioria de nós, na Palestina, acredita em um tribunal superior e na justiça divina. Mesmo assim, reconhecemos que a fé religiosa não deve ser um obstáculo para a busca incessante da justiça aqui na terra. A grande importância dos tribunais internacionais está em dar voz àqueles vitimados pela injustiça. Essa ação repara os danos psicológicos e nos torna sobreviventes reais; ela nos fortalece, para que os responsáveis pelos crimes sejam devidamente penalizados, para que seus crimes não passem sem uma condenação justa. Chamar os responsáveis para prestar contas é fundamental.

Nesta semana, os egípcios saíram às ruas gritando: "Eles conseguiram, os netos de Mandela, enquanto nós estamos com medo, vergonha e humilhados". Talvez tenha sido uma reação deles às alegações da equipe de defesa israelense de que o Egito é o responsável por fechar a fronteira com Gaza e impedir a entrada de ajuda humanitária. A Namíbia juntou sua voz à da África do Sul, talvez em reação à Alemanha, que se juntou ao processo judicial para apoiar Israel, como se o incentivo ao atual extermínio de palestinos pudesse redimir a história alemã de extermínio do povo judeu, juntamente com muitos outros. A Namíbia lembrou o tribunal dos crimes alemães contra o povo da Namíbia, ajudando a revelar a história completa dos atuais atores em Haia.

A solidariedade da África do Sul com a Palestina nos dá esperança de um movimento global de resistência à discriminação racial. Os palestinos e seus apoiadores devem tirar o máximo proveito desse momento histórico. Devemos continuar trabalhando em uma ampla variedade de estruturas e por todos os caminhos, seja por meio de organizações profissionais, sindicatos, canais diplomáticos ou pela pressão das manifestações de rua. Devemos afirmar os direitos dos palestinos, fazer um registro de seus sofrimentos e enfrentar seus opressores.

Essa missão exigirá esforços conjuntos, firmeza no enfrentamento dos nossos desafios e extraordinária paciência. Mesmo que o caminho seja longo, o julgamento em Haia e essas medidas de defesa podem ser catalisadores de uma paz genuína, baseada na justiça e no restabelecimento dos direitos da Palestina, há muito violados. Este é um momento inspirador, capaz de impulsionar um forte movimento internacional que exija o fim da ocupação histórica da Palestina, para corrigir essa injustiça e destacar os danos incalculáveis que os palestinos têm sofrido por tantas décadas. Nosso dever agora é nos mantermos firmes e não pouparmos esforços, tanto no âmbito popular quanto político, para dar vida a uma renovação global liderada pela coragem desse momento histórico na Corte Internacional de Justiça.

Na dor e na resiliência: a reverberação global do trauma histórico palestino[*]

Fevereiro de 2024

Neste momento, a Palestina está passando por um dos confrontos mais difíceis que já enfrentou. O que Edward Said diria sobre esse confronto é uma questão que passa pela cabeça de muitos de nós. Não estamos aqui para elocubrar o que ele poderia ter constatado, mas podemos nos inspirar em seu legado intelectual, um legado que ilumina nossa realidade sombria e nos ajuda a ver o caminho a trilhar para sair da obscuridade.

Quando penso na ausência de Said neste momento, lembro-me das palavras do cavaleiro poeta Abbasi Abu Firas Alhamadani, prisioneiro na capital bizantina de Constantinopla: "Meu povo falará de mim quando o assunto for sério; na noite escura, a lua cheia é indispensável".

O título deste epílogo é um convite para embarcar em uma jornada pela complexa trama de identidade cultural, resiliência psicológica e feridas duradouras que se manifestam em

---

[*] Texto extraído de uma palestra proferida na Universidade de Princeton.

nossa história. A narrativa palestina é repleta de deslocamentos, desapropriações e distorções culturais, entrelaçados com fios de luta e resiliência.

Edward Said, ele próprio um exilado palestino, é um exemplo de fusão do rigor intelectual com um compromisso apaixonado com a justiça. Sua vida e seu trabalho nos orientam a confrontar verdades incômodas e a navegar pelas profundas dimensões psicológicas da nossa história. Suas percepções moldaram minha compreensão das complexidades inerentes à experiência palestina; sua visão me incentivou a questionar a validade de muitos conceitos e da linguagem ocidentais dominantes na psiquiatria e a avaliar sua aplicabilidade ao contexto palestino.

Os ataques militares a Gaza subsequentes a 7 de outubro servem como lembretes brutais da longa e contínua luta enfrentada pelo povo palestino. A violência implacável deste momento perpetua um estado de angústia, ampliando o trauma embutido na narrativa histórica. Para compreender a dimensão desse trauma, é preciso investigar mais a fundo as repercussões psicológicas sobre a psique individual e coletiva e entender a interação entre as feridas históricas e a busca palestina por bem-estar e libertação.

Em meio ao deslocamento, onde os lares se tornam pó e as paisagens se transformam em sombras pálidas de um passado inacessível, o impacto psicológico sobre os indivíduos e as comunidades é imensurável. A análise de uma avaliação focada em um indivíduo não conta toda a história. O impacto duradouro do trauma histórico é encontrado não apenas no deslocamento físico, mas também no deslocamento no interior da intrincada arquitetura da mente e das redes relacionais da comunidade. O trauma histórico e atual influencia a capacidade de representação e o bem-estar social e psicológico. É nesse contexto que nos sentimos compelidos a explorar as dimensões multifacetadas da história palestina e da saúde mental.

O TRAUMA HISTÓRICO PALESTINO

A teoria do trauma individual e o diagnóstico popular de transtorno de estresse pós-traumático (TEPT) não conseguem captar totalmente a experiência do trauma histórico dos palestinos — um trauma deliberado, que não tem início nem fim definidos. Os sintomas do trauma histórico não se limitam à reexperimentação, à hiperexcitação e à evitação. O trauma na Palestina é colonial, contínuo, coletivo, cumulativo e intergeracional; ele reverbera em todos os domínios da vida, da saúde, da identidade, da cultura e da economia palestinas.

A antiga e multicultural capital de Jerusalém foi transformada em uma cidade judaica; isso, somado à imposição de currículos israelenses às crianças palestinas em idade escolar, à fragmentação das famílias, aos postos de controle, à restrição de movimento humano imposta pelos documentos de identidade e ao apagamento da cultura, da história e do idioma palestinos, não pode ser medido por uma lista de verificação de TEPT. Demolir casas palestinas, queimar seus olivais, impor nudez aos palestinos, forçá-los a beijar a bandeira israelense ou a dançar o hino nacional israelense em troca do atendimento de suas necessidades básicas, não são considerados eventos traumáticos de acordo com os manuais de psiquiatria. A teoria do trauma histórico sugere que as vidas são vividas em épocas e lugares históricos específicos. Como observou o acadêmico Glen Elder, "se os tempos e lugares históricos mudam, eles mudam a maneira como as pessoas vivem sua vida".

Aqui estão quatro suposições que embasam a teoria do trauma histórico:

1. O trauma em massa é deliberado e sistematicamente infligido a uma população-alvo por uma população dominante e subjugadora.
2. O trauma não se limita a um único evento catastrófico, mas continua por um longo tempo.
3. Os eventos traumáticos repercutem em toda a população, criando uma experiência generalizada de trauma.
4. A magnitude da experiência traumática desvia a população de seu curso natural de desenvolvimento, deixando um legado de descontinuidades físicas, psicológicas, sociais e econômicas que são transmitidas intergeracionalmente e persistem.

Na Palestina, a política é muito pessoal e muito psicológica. Enquanto eu escrevia estas palavras, ouvia na minha mente os gritos de uma menina palestina de quinze anos, Layan Hamadeh, que foi baleada fatalmente no carro da família enquanto pedia ajuda à equipe da Cruz Vermelha palestina. Layan ficou presa dentro do veículo, após uma emboscada, com os corpos dos membros de sua família. Podíamos ouvir os tiros e seus gritos, que foram ficando cada vez mais altos e depois desapareceram.

A irmã de seis anos de Layan, Hind, também presa no carro, sobreviveu por várias horas, enquanto a equipe da Cruz Vermelha tentava resgatá-la, mas doze dias depois, Hind e a equipe de resgate foram encontradas mortas.

Enquanto eu escrevia esta apresentação, recebi a notícia de que os corpos de trinta habitantes do norte da Faixa de Gaza foram encontrados com as mãos algemadas atrás das costas e de olhos vendados, executados; os cadáveres foram cobertos com lixo e entulho. Podemos imaginar os efeitos psicológicos de tais eventos sobre aqueles que conheciam essas pessoas e as amavam, seus familiares, amigos, vizinhos, colegas etc.

Eventos como esse são capazes de traumatizar qualquer pessoa que tenha ouvido falar deles. Despertam lembranças vívidas de um número infinito de relatos semelhantes que se estendem pelo século passado: de Deir Yassin a Tantura e de Kafar-Qassim a Jenin, em todos os lugares em que Israel matou palestinos em sua terra natal.

A ocupação, como parte de sua necropolítica, atacou deliberadamente o sistema de saúde, a principal fonte de vida dos palestinos. Dessa forma, criou em Gaza condições mortais, que agora são autossustentáveis mesmo que um cessar-fogo seja imposto hoje.

Uma população de 1,8 milhão de pessoas desalojadas e desnutridas se concentrou em Rafah no inverno; as infecções respiratórias e a hepatite são pandêmicas, e as pessoas estão morrendo de feridas infectadas não tratadas, enquanto a fome se aproxima de Gaza. No início de fevereiro, 340 equipes médicas foram assassinadas, 125 ambulâncias foram destruídas, 26 dos 36 hospitais de Gaza foram demolidos, e o restante ficou parcialmente inoperante, 100 médicos foram presos e expostos à tortura — os detalhes da tortura do dr. Muhammad Arren e do dr. Muhammad Abu Silmeyeh são de arrepiar. A tortura dos médicos presos é usada para extrair falsos testemunhos diante das câmeras; essas declarações são então utilizadas para apoiar a alegação israelense de que a resistência palestina usou os hospitais como *bunkers*. A tortura é usada para destruir psicologicamente esses médicos e quebrar sua imagem como modelos de superação pós-traumática por tudo o que eles ofereceram durante essa crise, além de intimidar seus colegas para que abandonem o compromisso de servir a seu povo. Também é assustador o silêncio institucional e da mídia internacional oficial sobre esse ataque sem precedentes a Gaza e ao seu sistema de saúde em particular.

NEGAÇÃO

Não podemos tratar algo se não reconhecermos sua existência. A negação e a supressão da consciência do trauma histórico da Palestina impedem seu tratamento. No documentário 1948: *Creation and Catastrophe*, o historiador israelense Ilan Pappe explica o destino dos vilarejos árabes. Em 1947, havia de 500 a 700 desses vilarejos na terra que acabou se tornando Israel. No final de 1948, restavam cerca de 100. Pappe relata que Israel plantou florestas de pinheiros sobre os escombros, para apagar o caráter árabe desses lugares e obliterar sua memória. Os palestinos chamam isso de *greenwashing*. Em seguida, foram construídas colônias com nomes hebraicos que se assemelhavam aos nomes árabes originais, a fim de sugerir que esses lugares eram originalmente judaicos. Rosemary Sayegh escreveu sobre a exclusão da Nakba palestina enquanto "gênero trauma" e examinou como a alienação em relação a Palestina e à Nakba de 1948 foi cultivada, seja por meio de apropriação colonial, transformação da paisagem, censura, memoricídio, escolarização ou promoção do medo de ser rotulado como antissemita.

A negação do trauma histórico palestino também é vívida no discurso do governo dos Estados Unidos; em sua repetição das mentiras israelenses sobre bebês decapitados e estupro com armas. Vemos essa negação na declaração da Associação Americana de Psiquiatria em solidariedade a Israel, uma declaração que ignora um século de opressão política palestina. Vemos essa negação na ameaça do rótulo de antissemita, espectro que assombra os campus universitários americanos, a fim de silenciar estudantes e acadêmicos e pôr em risco suas futuras carreiras. Vemos essa negação em um incitamento à hostilidade generalizada contra os palestinos, que levou a crimes de ódio, como o esfaqueamento fatal do menino Wadea Al-Fayoume e o ataque a tiros a três estudantes universitários palestinos em Vermont, e ao gesto de um policial apontar uma pistola para Aaron Bushnel, soldado da força aérea dos Estados Unidos, enquanto ele se incendiava diante da embaixada israelense em Washington, em protesto contra a guerra devastadora de Israel em Gaza e a cumplicidade americana com ela.

Diante dessa negação avassaladora, todos na Palestina têm consciência de que essa violência política genocida é praticada contra nós por Israel e seus apoiadores coloniais no Ocidente, e que tal agressão só é possível por meio das forças armadas, da economia, da mídia, da política e dos vetos estadunidenses na ONU. A cumplicidade dos Estados Unidos é conhecida até mesmo pelas crianças palestinas, que lidam com sua imensa dor com uma negação momentânea. Um menino disse a seu amigo: "Seu pai foi morto". O amigo respondeu: "Não, ele está apenas dormindo; está muito cansado". Uma garota perguntou ao médico que fez o curativo em seus ferimentos: "Doutor, isso é sonho ou realidade?". Uma menina com um pé amputado perguntou: "Quando meu pé vai crescer de novo?". Com o tempo, essas crianças se recuperam de sua negação e cantam: "Nós triunfaremos, nós triunfaremos contra Israel e os Estados Unidos", enquanto os Estados Unidos continuam negando sua responsabilidade no derramamento de sangue palestino.

TRATAMENTO

Neste momento, 6% dos habitantes de Gaza foram fisicamente exterminados, feridos ou mutilados. Todos em Gaza estão psicologicamente afetados e a maioria dos palestinos experimenta um trauma antecipado, observando de longe com culpa de sobrevivente, pavor e desamparo. Alguns de vocês estão sofrendo um trauma secundário; o genocídio despertou uma história traumática dos povos originários, dos negros e de povos do Sul Global.

Mas, lembrem-se, esse não é o único sentimento que emana de Gaza: você viu a heróica médica Amira Al-Assuli no hospital Al-Naser tirar o casaco, agachar-se e correr na frente de atiradores para resgatar um jovem? Você assistiu ao adolescente "Sir Isaac Newton" de Gaza, criando um sistema elétrico para iluminar as tendas dos deslocados? Você sabia que o correspondente da Al Jazeera, Wael Al Dahdouh, superou sua dor pessoal pelo assassinato de seus familiares para continuar sua missão profissional de expor a verdade do que acontece em Gaza? As imagens de resiliência e superação pós-trauma que emergem dos escombros de Gaza são infinitas; as virtudes das pessoas emanam como uma força que permite aos indivíduos e às comunidades suportar o peso do trauma histórico. É nas expressões culturais, nos laços comunitários e na solidariedade internacional que testemunhamos o espírito forte de um povo determinado a expressar o seu amor, a manter um comportamento pró-social e a recuperar sua identidade e sua independência. Estas são manifestações da noção palestina de sumud. Da poesia que ecoa pelos campos de refugiados à preservação das artes tradicionais, a cultura palestina torna-se um testemunho da coragem diante da adversidade.

A solidariedade internacional também desempenha papel fundamental no panorama da resiliência. A reverberação global do trauma histórico palestino transcende as fronteiras geográficas, obrigando indivíduos e comunidades de todo o mundo a permanecerem solidários com a causa palestina. É por meio dessa interconexão que a resiliência ganha impulso, promovendo um compromisso com a justiça e a dignidade humana.

O recente comparecimento de Israel à Corte Internacional de Justiça (CIJ) em Haia é um passo fundamental para a justiça e a cura do trauma histórico sofrido pelo povo palestino. A impunidade de Israel e a falta de responsabilização ao longo de décadas contribuíram para o isolamento dos palestinos e enfraqueceram sua crença na justiça global. As ações da África do Sul na CIJ, independentemente do resultado, foram percebidas como uma medida corretiva, desafiando simbolicamente a tirania étnica e a cumplicidade ocidental com a opressão.

A solidariedade demonstrada pela África — uma região com seu próprio histórico de traumas e violações de direitos humanos — com a causa palestina desperta a esperança em uma humanidade compartilhada. Reações globais recentes, como a da Namíbia, que destacou os crimes coloniais alemães e sua atual hipocrisia ao apoiar os ataques de Israel a Gaza, ressaltam a importância do julgamento da CIJ. Esse tipo de solidariedade é visto como inspiração para um movimento global contra as potências coloniais e a discriminação racial.

Os palestinos e seus apoiadores são encorajados a aproveitar esse momento histórico, trabalhando por meio de vários canais para afirmar direitos, documentar sofrimentos e confrontar opressores. A paz genuína está enraizada na justiça e o momento atual é visto como uma oportunidade de ativar um forte movimento internacional, popular e político, liderado pela coragem demonstrada na Corte Internacional de Justiça.

Concluindo, o encontro de hoje é um convite para nos engajarmos em uma compreensão diferenciada das complexidades que envolvem o trauma histórico, para promover a empatia e cultivar um espaço de cura e solidariedade.

A visão de Edward Said sobre a responsabilidade intelectual serve como uma estrutura orientadora, desafiando-nos a não apenas testemunhar a dor dos outros, mas a nos envolver ativamente na reconstrução de um mundo mais justo. Ela nos orienta a questionar as narrativas dominantes, a confrontar as injustiças sistêmicas e a defender os direitos dos oprimidos. Diante do trauma histórico, a responsabilidade intelectual se torna uma bússola, um chamado à ação que transcende os limites da academia e permeia os domínios da mudança social e política.

Que os ecos das nossas reflexões coletivas ressoem para além desta sala, contribuindo para o legado contínuo da coragem intelectual e da compaixão de Edward Said. Iluminemos o caminho para um futuro em que o trauma histórico não seja uma algema, mas um catalisador de mudanças positivas; um futuro em que o brilho da resiliência e da solidariedade prevaleça sobre as sombras do passado e de sua dor.

Palavras finais

As pipas da esperança: mensagem da Pequena Gaza para a Terra

Março de 2024

Em um reino além do plano mortal, no paraíso, existia uma Pequena Gaza, um oásis tranquilo intocado pelo tumulto que assolava sua contraparte terrena. Ali, em meio ao brilho dourado do sol eterno e ao suave farfalhar das folhas de palmeira, as almas daqueles que haviam perecido no genocídio encontravam consolo e santuário.

Entre os habitantes da Pequena Gaza havia uma miríade de almas: crianças cujas risadas foram silenciadas cedo demais; bravos combatentes da liberdade que ousaram desafiar a tirania; mães e pais resilientes que protegeram seus entes queridos do perigo; estudantes universitários brilhantes cujos sonhos foram aniquilados; jornalistas e médicos dedicados, que documentaram e trataram com coragem as feridas da guerra; e os venerados pensadores e poetas palestinos que iluminaram o caminho da resistência com sabedoria e discernimento.

Muitos deles morreram sob os escombros de sua casa; muitos foram executados a sangue frio; muitos, torturados até a morte; muitos, mortos pela fome. Apesar de suas origens diversas, todos estavam unidos por uma luta compartilhada e por um espírito inabalável.

Enquanto devaneavam, as almas da Pequena Gaza travavam conversas animadas, relembrando a vida terrena e compartilhando suas esperanças para o futuro da Palestina. Elas encontraram consolo em suas memórias coletivas e nos sonhos que tinham em comum, e conforto na companhia umas das outras enquanto se aqueciam no calor do paraíso.

"Lembro-me do som das gargalhadas das crianças", murmurou uma alma, com um sorriso melancólico em sua face etérea. "Mesmo nas horas mais sombrias, elas encontravam alegria." "E a força das mulheres?", acrescentou outra alma, com a voz impregnada de admiração. "Elas mantiveram suas famílias unidas com uma coragem sem limites."

Os jornalistas recordaram as histórias que contaram, as verdades que descobriram e os riscos que correram para expor a situação de seu povo. "Caímos", disse um deles com tristeza, "mas nossas palavras continuam vivas, um testemunho do poder da verdade." Os médicos concordaram com um gesto de cabeça, lembrando as inúmeras vidas que salvaram e a cura que trouxeram para uma terra ferida. "Nosso trabalho foi interrompido", disse um dos médicos, "mas nosso legado perdura no coração daqueles de quem cuidamos."

A conversa foi interrompida pelo som de fogos de artifício. Ao olharem para fora de seu espaço celestial, as almas da Pequena Gaza testemunharam as celebrações jubilosas que se desenrolavam na terra: os palestinos se regozijavam com sua libertação nacional duramente conquistada. O desaparecimento de uma força aérea militar nos céus, a retirada dos tanques militares, a queda dos muros de separação — as antigas e assustadoras barreiras de divisão e opressão — trouxeram lágrimas de alegria aos olhos das almas da Pequena Gaza. Foram muitos anos ansiando por este momento, sonhando com o dia em que seu povo estaria livre das algemas da ocupação.

Enquanto assistiam às comemorações que transcorriam lá embaixo, as almas da Pequena Gaza experimentavam um sentimento de orgulho misturado com tristeza. Embora não pudessem mais andar pelas ruas de sua cidade nem sentir o calor do sol na pele, elas sabiam que estariam para sempre entrelaçadas com a terra que chamavam de lar. Em seu recém-descoberto paraíso, as almas da Pequena Gaza permaneciam conectadas à situação de seu povo e ansiavam oferecer a seus entes queridos e aos companheiros consolo e alegria naquele momento de triunfo. Inspiradas pela resiliência de seus colegas terrestres, elaboraram um plano brilhante para tornar sua presença conhecida por aqueles que lutavam pela liberdade.

Lideradas pelo poeta Refaat Al Areer, as almas da Pequena Gaza transformaram o tecido branco que envolvia seus caixões, manchado com o sangue de suas lutas terrenas, em pipas requintadas, adornadas com papoulas vermelho-vibrante, simbolizando a resiliência e a beleza que floresceram do sacrifício delas. Levadas pelo vento suave, essas pipas magníficas subiram ao céu, tecendo padrões intrincados no fundo azul.

Enquanto as pipas dançavam no ar, as almas da Pequena Gaza observavam com a respiração suspensa e com o coração cheio de esperança e saudade. Elas tinham certeza de que sua mensagem chegaria ao povo de sua terra, inspirando-o a continuar sua luta por justiça. E ao testemunharem as lágrimas de alegria e determinação nos olhos de seus companheiros, saberiam que seu sacrifício não havia sido em vão.

Na terra, o povo de Gaza olhou para cima, surpreso com a visão das belas pipas dançando no céu. Sentiram uma onda de emoção ao perceberem o significado da mensagem — um lembrete dos sacrifícios feitos por sua liberdade.

As pipas, no lugar dos drones, tornaram-se um símbolo de esperança e resiliência, inspirando o povo de Gaza a continuar sua luta por justiça. Nos dias que se seguiram, o povo de Gaza deu as boas-vindas a seus refugiados e comemorou a libertação dos presos políticos. Lágrimas de alegria fluíram livremente enquanto as famílias se reuniam e as ruas ecoavam canções de liberdade e libertação.

Quando os ecos do paraíso chegaram aos ouvidos do povo de Gaza, seus habitantes sentiram um renovado senso de determinação. Sabiam que as almas da Pequena Gaza estavam com eles, guiando-os em seu caminho para um futuro mais luminoso. E quando olharam para o céu novamente, viram as pipas voando mais alto — uma mensagem de que seus sonhos de liberdade nunca seriam esquecidos.

As almas da Pequena Gaza deixaram para trás as provações e tribulações da existência terrena, mas vivem no coração de seu povo, inspirando-o a continuar sua luta até que a Palestina seja verdadeiramente livre.

© Samah Jabr
© Editora Tabla

Editora Laura Di Pietro
Preparação Ciça Caropreso
Revisão Gabrielly Alice da Silva
Capa e projeto gráfico Marcelo Pereira | Tecnopop
Foto de capa Laura Di Pietro
Diagramação Balão Editorial

Dados internacionais de Catalogação na Publicação (CIP)

> J11s
>   Jabr, Samah
>   Sumud: em tempos de genocídio / Samah Jabr;
>   organização e tradução: Rima Awada Zahra. – 1. ed.
>   – Rio de Janeiro: Tabla, 2024.
>   192 p. ; 21 cm.
>
>   ISBN 978-65-86824-80-3
>
>   1. Psicoterapia. 2. Psiquiatria. I. Zahra, Rima Awada.
> II. Título.
>
>   CDD 616.8914

Roberta Maria de O. V. da Costa – Bibliotecária CRB-7 5587

[2024]
Todos os direitos desta edição reservados à
Editora Roça Nova Ltda (selo Tabla)
+55 21 997860747
editora@editoratabla.com.br
www.editoratabla.com.br

Este livro foi composto em Scala Pro e Neue Haas,
e impresso em papel Snowbright 70g/m² pela
gráfica Santa Marta em junho de 2024.